O Teatro Épico

Coleção Debates
Dirigida por J. Guinsburg

Equipe de Realização – Produção: Ricardo W. Neves, Sergio Kon e Juliana Sergio.

anatol rosenfeld

O TEATRO ÉPICO

 PERSPECTIVA

cip-Brasil. Catalogação-na-Fonte
Sindicato Nacional dos Editores de Livros, rj

Rosenfeld, Anatol, 1912-1973.
 O teatro épico / Anatol Rosenfeld. – São Paulo: Perspectiva, 2018. – (Debates ; 193)

 5. reimpr. da 6. ed. de 2008
 Bibliografia
 ISBN 978-85-273-0128-2

 1. Teatro 2. Teatro – História e crítica I. Título. II. Série.

08-0145 CDD: 792.09

Índices para catálogo sistemático:
1. Teatro : História e crítica 792.09

6ª edição - 5ª reimpressão
[PPD]

Direitos reservados à

EDITORA PERSPECTIVA LTDA.

Av. Brigadeiro Luís Antônio,
3025 01401-000 São Paulo SP
Brasil Telefax: (11) 3885-8388
www.editoraperspectiva.com.br

2019

SUMÁRIO

Prefácio a esta Edição – *Sábato Magaldi* 7
Advertência 11

PARTE I – A TEORIA DOS GÊNEROS

1. Gêneros e Traços Estilísticos 15
2. Os Gêneros Épico e Lírico e Seus Traços Estilísticos Fundamentais 21
3. O Gênero Dramático e Seus Traços Estilísticos Fundamentais 27

PARTE II – TENDÊNCIAS ÉPICAS NO TEATRO EUROPEU DO PASSADO

4. Nota Sobre o Teatro Grego 39
5. O Teatro Medieval 43

6. Traços Épicos no Teatro Pós-Medieval (Renascimento e Barroco) 53
7. Shakespeare e o Romantismo 63

PARTE III – A ASSIMILAÇÃO DA TEMÁTICA NARRATIVA

8. George Buechner.. 77
9. Ibsen e o Tempo Passado 83
10. Naturalismo e Impressionismo................................ 89
11. O Palco Como Espaço Interno 99

PARTE IV – CENA E DRAMATURGIA ÉPICAS

12. Nota Sobre o Teatro Asiático.................................... 109
13. A Intervenção do Diretor Teatral............................. 115
14. Alguns Autores Norte-Americanos......................... 123
15. Paul Claudel 135

PARTE V – O TEATRO ÉPICO DE BRECHT

16. O Teatro Como Instituto Didático 145
17. Recursos de Distanciamento 155
18. Exemplos da Dramaturgia.. 167

Bibliografia Resumida.. 175

PREFÁCIO A ESTA EDIÇÃO

O ensaísmo teatral brasileiro não pode ser considerado dos mais ricos, ainda que, nos últimos anos, sobretudo com a disseminação das teses universitárias, as estantes passassem a contar ponderável número de estudos de historiografia. Aos poucos, aspectos antes desconhecidos ou ainda não ordenados da História do Teatro encontram a exata dimensão no panorama da nossa cultura.

Seria discutível estender a observação do problema da Teoria do Teatro. Nesse campo, a contribuição brasileira se acha ainda no início. Pouquíssimos livros apresentam uma reflexão original, que traga luzes inéditas para o pensamento sobre as artes cênicas. Teria sentido socorrer-nos do velho preconceito, segundo o qual só recentemente nos capacitamos para a especulação pura? Creio ser mais simples explicar que, metalinguagem, a teoria teatral só nasce quando há terreno fértil em que exercitar-se, e esse terreno se tem ampliado apenas nas últimas décadas.

Nesse contexto, fica um tanto óbvio lembrar que Anatol Rosenfeld, autor deste *O Teatro Épico*, nasceu na Alemanha, em 1912, vindo a estudar Filosofia, entre outras disciplinas, em Berlim, até 1934. A perseguição nazista aos judeus o obrigou a fugir para o Brasil, onde, antes de morrer, em 1974, estava consagrado como um dos nossos mais sólidos intelectuais. E não deve ser esquecido que a primeira edição do volume, em 1965, correspondia a um anseio geral de saber-se o que significava teatro épico, em virtude da grande voga naqueles anos conhecida pelas peças e pelas teorias de Bertolt Brecht (1898-1956).

O livro de Anatol Rosenfeld tornou-se importante, por várias razões: como teatro subentende drama e o qualificativo épico, ligado a epopeia, aparentemente sugere um conúbio espúrio, a primeira parte trata da teoria dos gêneros, fundamentando com autoridade indiscutível a procedência da forma; depois, acreditava-se vulgarmente que, ao chamar seu novo teatro de épico, em contraposição ao dramático, tradicional, Brecht havia descoberto a pólvora, enquanto o ensaísta distingue traços narrativos desde a tragédia grega, rastreando-os até em nomes como os de Thornton Wilder e Paul Claudel; e finalmente, com o pretexto de apontar elementos épicos em quaisquer manifestações do palco, Anatol faz uma síntese admirável das mudanças essenciais por que passou o teatro, sem esquecer o oriental e, além da dramaturgia, a arte específica dos encenadores.

Não conheço teoria dos gêneros tão lucidamente exposta, em poucas páginas, como neste livro. De Sócrates, Platão e Aristóteles, os primeiros a classificarem os gêneros, o ensaísta passa, com maior relevo, a Hegel e a Lessing, e exemplifica a prática de dois grandes autores – Goethe e Schiller –, discutida por felicidade em sua correspondência. Nenhum estudante encontrará, sobre o assunto, conceituação mais claramente didática, sem primarismo.

Anatol pôde dar-se o luxo de escolher, para ilustrar cada capítulo, os exemplos mais expressivos, porque dominava todos os temas pertinentes ao teatro, da evolução da literatura dramática à filosofia e à estética, das teorias sobre a encenação à prática do ator no palco. E esse conhecimento se escorava em disciplinas afins, como o romance, a poesia e a psicologia, de que foi estudioso e não apenas diletante. Daí a segurança com que são emitidos os conceitos de *O Teatro Épico*.

É com rara finura que Anatol encontra o dado fundamental de cada exemplificação escolhida. No teatro grego, ele distingue *Os Persas*, de Ésquilo, em que "nem sequer há o que se poderia chamar propriamente de ação atual", com predomínio da narrativa. Ao examinar o teatro pós-medieval, traz ao primeiro plano Gil Vicente e a criação jesuíta, numa prova de seu interesse pela cultura luso-brasileira e hispânica. Shakespeare associa-se ao romantismo, em que tomam vulto os alemães, o italiano Manzoni e os franceses. Buechner (1813-1837) merece um capítulo especial, porque sua experiência "foi a da derrocada dos valores idealistas da época anterior, ante o surgir da concepção materialista, ligada ao rápido desenvolvimento das ciências naturais". Toda a trajetória desse extraordinário anunciador do teatro moderno está traçada em substanciosas páginas.

O leitor se surpreenderá ao ver apontados os elementos épicos, tão diferentes, na obra dos criadores da dramaturgia moderna. Anatol chama a atenção para uma circunstância que passaria despercebida: "Como *Édipo*, a obra de Ibsen (*Os Espectros*) é, quase toda ela, uma longa exposição do passado, comprimida em 24 horas e num só lugar". A propósito de Tchékhov, o crítico observa: "Apresentar personagens imersos no deserto do tédio – esse *taedium vitae* em que a existência se revela como o vácuo do Nada – personagens que vivem no passado saudoso ou no futuro sonhado, mas nunca na atualidade do presente, talvez seja o tema mais épico e menos dramático que existe". *Os Tecelões*, de Hauptmann, oferece oportunidade para outra análise aguda. Strindberg e sua dramaturgia do Ego são privilegiados no estudo a respeito de O *Caminho de Damasco*.

O monólogo interior de *Estranho Interlúdio*, de O'Neill, dá margem a novas considerações sobre o processo narrativo. A "memória involuntária", de Arthur Miller, em *A Morte do Caixeiro-Viajante*, se aparenta a *Vestido de Noiva*, de Nelson Rodrigues, que a antecedeu de seis temporadas.

Thornton "Wilder, autor de *Nossa Cidade*, é esmiuçado em sua "consciência planetária" e "microscópica". Também Paul Claudel faz jus a um capítulo à parte, para que sejam convenientemente dissecadas as peças *O Sapato de Cetim* e *O Livro de Cristóvão Colombo*. Admite Anatol: "Dando à teoria dos gêneros de Hegel uma interpretação um tanto arbitrária, teríamos na dramaturgia de Claudel realmente uma 'síntese' da Lírica e da Épica, embora o resultado seja precisamente a dissolução da Dramática pura".

A última parte do livro é inteira dedicada ao teatro épico de Brecht, o que não surpreende, porque ambos ficaram indissociados, desde o posfácio escrito para a "ópera" *Mahagonny*, em que se esquematizam as formas dramática e épica. Os leitores superficiais desse quadro didático tenderiam a pensar que Brecht relegou a um passado dramático insatisfatório toda a produção que o antecedeu. Este livro, entre tantas virtudes, tem a de esclarecer em definitivo esse equívoco, mostrando como a concepção do autor de *O Círculo de Giz Caucasiano* decorre de um processo histórico não nascido com ele, mas que encontrou a culminância em sua obra. A forma épica foi a que melhor se prestou à concretização de uma dramaturgia de crítica marxista da sociedade, ainda que Paul Claudel se servisse de recursos a ela aparentados para exprimir sua visão cristã do mundo.

Entre as publicações deixadas por Anatol Rosenfeld (citam-se *Doze Estudos*, *Texto/Contexto*, *O Teatro Alemão*, *Teatro Moderno*, *O Mito e o Herói no Moderno Teatro Brasileiro*, sem contar numerosos esparsos, à espera de serem reunidos em livro), *O Teatro Épico* talvez possa considerar-se a mais orgânica, pela unidade que a presidiu. A aparente dificuldade teórica, pela abrangência e pelas controvérsias do tema, está superada de maneira exemplar. O rigor e a simplicidade abrem o caminho para os leitores se assenhorearem de um universo fascinante, povoado de revelações.

Sábato Magaldi

ADVERTÊNCIA

O propósito deste livro não é apresentar uma história do teatro épico. Partindo da conceituação do teatro épico contemporâneo, mormente o de Brecht – teoricamente o mais bem fundamentado – o autor tentou apenas ilustrar, mediante vários exemplos, alguns grandes momentos em que o teatro épico se manifestou em toda a sua plenitude: o teatro medieval e as diversas correntes do teatro épico moderno. O teatro grego, barroco, romântico e o de Shakespeare, em que se externam, em grau maior ou menor, traços épicos, foram abordados mais como pontos de referência; na maioria desses casos só excepcionalmente se pode falar de teatro épico no sentido pleno. Maior atenção foi dedicada a correntes de transição (naturalismo e impressionismo), na medida em que nelas, conquanto em parte se atenham ainda à dramaturgia tradicional, se anuncia pela temática o advento do teatro épico. Ao longo da exposição o autor procurou mostrar, sempre quando possível, que o uso de recursos épicos, por parte de dramaturgos e diretores teatrais, não é arbitrário, correspondendo, ao contrário, a transformações históricas que suscitam o surgir de novas temáticas, novos problemas, novas valorações e novas concepções do mundo.

O ponto de partida deste livro é a literatura dramática e não o espetáculo teatral. Isso se explica pelo fato de a palavra "épico" ser um termo técnico da literatura, termo cuja aplicação ao teatro implica uma discussão dos gêneros literários. Mas é evidente que a peça, como texto, deve completar-se cenicamente. Assim, o ponto de chegada do livro é o espetáculo teatral em sua plenitude; ao longo deste trabalho os elementos cênicos, característicos do teatro épico, encontram-se amplamente expostos.

Quanto ao termo "épico", é usado no sentido técnico – como *gênero narrativo*, no mesmo sentido em que o usam Brecht, Claudel e Wilder, neste ponto formal concordes, por mais que o primeiro possa divergir dos outros na sua concepção da substância e da função do teatro épico. A epopeia, o grande poema heroico, termos que na língua portuguesa geralmente são empregados como sinônimos de "épico", são apenas espécies do gênero épico, ao qual pertencem outras espécies, tais como o romance, a novela, o conto e outros escritos de teor narrativo.

A interpretação ocasional de obras dramáticas subordina-se ao propósito deste livro: em nenhum caso o autor tentou levá-la além do campo de considerações que se afiguram indispensáveis para compreender a mobilização de elementos épicos na dramaturgia e no teatro.

A. R.

PARTE I:
A TEORIA DOS GÊNEROS

1. GÊNEROS E TRAÇOS ESTILÍSTICOS

a) Observações gerais

A classificação de obras literárias segundo gêneros tem a sua raiz na *República* de Platão. No 3º livro, Sócrates explica que há três tipos de obras poéticas: "O primeiro é inteiramente imitação." O poeta como que desaparece, deixando falar, em vez dele, personagens. "Isso ocorre na tragédia e na comédia." O segundo tipo "é um simples relato do poeta; isso encontramos principalmente nos ditirambos." Platão parece referir-se, neste trecho, aproximadamente, ao que hoje se chamaria de gênero lírico, embora a coincidência não seja exata. "O terceiro tipo, enfim, une ambas as coisas; tu o encontras nas epopeias..." Neste tipo de poemas manifesta-se seja o próprio poeta (nas descrições e na apresentação dos personagens), seja um ou outro personagem, quando o poeta procura suscitar a impressão de que não é ele quem fala e sim o próprio personagem; isto é, nos diálogos que interrompem a narrativa.

A definição aristotélica, no 3º capítulo da *Arte Poética*, coincide até certo ponto com a do seu mestre. Há, segundo Aristóteles, várias maneiras literárias de imitar a natureza: "Com efeito, é possível imitar os mesmos objetos nas mesmas situações, numa simples narrativa, ou pela introdução de um terceiro, como faz Homero, ou insinuando a própria pessoa sem que intervenha outro personagem, ou ainda, apresentando a imitação com a ajuda de personagens que vemos agirem e executarem eles próprios." Essencialmente, Aristóteles parece referir-se, neste trecho, apenas aos gêneros épico (isto é, narrativo) e dramático. No entanto, diferencia duas maneiras de narrar, uma em que há introdução de um terceiro (em que os próprios personagens se manifestam) e outro em que se insinua a própria pessoa (do autor), sem que intervenha outro personagem. Esta última maneira parece aproximar-se do que hoje chamaríamos de poesia lírica, suposto que Aristóteles se refira no caso, como Platão, aos ditirambos, cantos dionisíacos festivos em que se exprimiam ora alegria transbordante, ora tristeza profunda. Quanto à forma dramática, é definida como aquela em que a imitação ocorre com a ajuda de personagens que, eles mesmos, agem ou executam ações. Isto é, a imitação é executada "por personagens em ação diante de nós" (3º capítulo).

Por mais que a teoria dos três gêneros, categorias ou arquiformas literárias, tenha sido combatida, ela se mantém, em essência, inabalada. Evidentemente ela é, até certo ponto, artificial como toda a conceituação científica. Estabelece um esquema a que a realidade literária multiforme, na sua grande variedade histórica, nem sempre corresponde. Tampouco deve ela ser entendida como um sistema de normas a que os autores teriam de ajustar a sua atividade a fim de produzirem obras líricas puras, obras épicas puras ou obras dramáticas puras. A pureza em matéria de literatura não é necessariamente um valor positivo. Ademais, não existe pureza de gêneros em sentido absoluto.

Ainda assim o uso da classificação de obras literárias por gêneros parece ser indispensável, simplesmente pela necessidade de toda ciência de introduzir certa ordem na multiplicidade dos fenômenos. Há, no entanto, razões mais profundas para a adoção do sistema de gêneros. A maneira pela qual é comunicado o mundo imaginário pressupõe certa atitude em face deste mundo ou, contrariamente, a atitude exprime-se em certa maneira de comunicar. Nos gêneros manifestam-se, sem dúvida, tipos diversos de imaginação e de atitudes em face do mundo.

b) Significado substantivo dos gêneros

A teoria dos gêneros é complicada pelo fato de os termos "lírico", "épico" e "dramático" serem empregados em duas acepções diversas. A primeira acepção – mais de perto associada à estrutura dos gêneros – poderia ser chamada de "substantiva". Para distinguir esta acepção da outra, é útil forçar um pouco a língua e estabelecer que o gênero lírico coincide com o substantivo "A Lírica", o épico com o substantivo "A Épica" e o dramático com o substantivo "A Dramática".

Não há grandes problemas, na maioria dos casos, em atribuir as obras literárias individuais a um destes gêneros. Pertencerá à Lírica todo poema de extensão menor, na medida em que nele não se cristalizarem personagens nítidos e em que, ao contrário, uma voz central – quase sempre um "Eu" – nele exprimir seu próprio estado de alma. Fará parte da Épica toda obra – poema ou não – de extensão maior, em que um narrador apresentar personagens envolvidos em situações e eventos. Pertencerá à Dramática toda obra dialogada em que atuarem os próprios personagens sem serem, em geral, apresentados por um narrador.

Não surgem dificuldades acentuadas em tal classificação. Notamos que se trata de um poema lírico (Lírica) quando uma voz central sente um estado de alma e o traduz por meio de um discurso mais ou menos rítmico. Espécies deste gênero seriam, por exemplo, o canto, a ode, o hino, a elegia. Se nos é contada uma estória (em versos ou prosa), sabemos que se trata de Épica, do gênero narrativo. Espécies deste gênero seriam, por exemplo, a epopeia, o romance, a novela, o conto. E se o texto se constituir principalmente de diálogos e se destinar a ser levado à cena por pessoas disfarçadas que atuam por meio de gestos e discursos no palco, saberemos que estamos diante de uma obra dramática (pertencente à Dramática). Neste gênero se integrariam, como espécies, por exemplo, a tragédia, a comédia, a farsa, a tragicomédia, etc.

Evidentemente, surgem dúvidas diante de certos poemas, tais como as baladas – muitas vezes dialogadas e de cunho narrativo; ou de certos contos inteiramente dialogados ou de determinadas obras dramáticas em que um único personagem se manifesta através de um monólogo extenso. Tais exceções, contudo, apenas confirmam que todas as classificações são, em certa medida, artificiais. Não diminuem, porém, a necessidade de estabelecê-las para organizar, em linhas gerais, a multiplicidade dos fenômenos literários e comparar obras dentro de um contexto de tradição e renovação. É difícil comparar *Macbeth* com um soneto de Petrarca ou um romance de Machado de Assis. É mais razoável comparar aquele drama com uma peça de Ibsen ou Racine.

c) *Significado adjetivo dos gêneros*

A segunda acepção dos termos lírico, épico, dramático, de cunho adjetivo, refere-se a *traços estilísticos* de que uma obra pode ser imbuída em grau maior ou menor, qualquer que seja o seu gênero (no sentido substantivo). Assim, certas peças de Garcia Lorca, pertencentes, como peças, à Dramática, têm cunho acentuadamente lírico (traço estilístico). Poderíamos falar, no caso, de um drama (substantivo) lírico (adjetivo). Um epigrama, embora pertença à Lírica, raramente é "lírico" (traço estilístico), tendo geralmente certo cunho "dramático" ou "épico" (traço estilístico). Há numerosas narrativas, como tais classificadas na Épica, que apresentam forte caráter lírico (particularmente da fase romântica) e outras de forte caráter dramático (por exemplo as novelas de Kleist).

Costuma haver, sem dúvida, aproximação entre gênero e traço estilístico: o drama tenderá, em geral, ao dramático, o poema lírico ao lírico e a Épica (epopeia, novela, romance) ao épico. No fundo, porém, toda obra literária de certo gênero conterá, além dos traços estilísticos mais adequados ao gênero em questão, também traços estilísticos mais típicos dos outros gêneros. Não há poema lírico que não apresente ao menos traços narrativos ligeiros e dificilmente se encontrará uma peça em que não haja alguns momentos épicos e líricos.

Nesta segunda acepção, os termos adquirem grande amplitude, podendo ser aplicados mesmo a situações extraliterárias. Pode-se falar de uma noite lírica, de um banquete épico ou de um jogo de futebol dramático. Neste sentido amplo esses termos da teoria literária podem tornar-se nomes para possibilidades fundamentais da existência humana; nomes que caracterizam atitudes marcantes em face do mundo e da vida. Há uma maneira dramática de ver o mundo, de concebê-lo como dividido por antagonismos irreconciliáveis; há um modo épico de contemplá-lo serenamente na sua vastidão imensa e múltipla; pode-se vivê-lo liricamente, integrado no ritmo universal e na atmosfera impalpável das estações.

Visto que no gênero geralmente se revela pelo menos certa tendência e preponderância estilística essencial (na Dramática pelo dramático, na Épica pelo épico e na Lírica pelo lírico), verifica-se que a classificação dos três gêneros implica um significado maior do que geralmente se tende a admitir.

2. OS GÊNEROS ÉPICO E LÍRICO E SEUS TRAÇOS ESTILÍSTICOS FUNDAMENTAIS

a) Observações gerais

Descrevendo-se os três gêneros e atribuindo-se-lhes os traços estilísticos essenciais, isto é, à Dramática os traços dramáticos, à Épica os traços épicos e à Lírica os traços líricos, chegar-se-á à constituição de tipos ideais, puros, como tais inexistentes, visto neste caso não se tomarem em conta as variações empíricas e a influência de tendências históricas nas obras individuais que nunca são inteiramente "puras". Esses tipos ideais de modo nenhum representam critérios de valor. A pureza dramática de uma peça teatral não determina seu valor, quer como obra literária, quer como obra destinada à cena. Na dramaturgia de Shakespeare, um dos maiores autores dramáticos de todos os tempos, são acentuados os traços épicos e líricos. Ainda assim se trata de grandes obras teatrais. Uma peça, como tal pertencente à Dramática, pode ter traços épicos tão salientes que a sua própria estrutura de drama é atingida, a ponto de a Dramática quase se confundir com a Épica. Mas, ainda assim, tal peça pode ter grande eficácia teatral. Exemplos disso são o teatro medieval, oriental, o teatro de Claudel, Wilder ou Brecht. Trata-se de exemplos extremos que em seguida serão abordados, da mesma forma como exemplos de menor realce nos quais o cunho épico apenas se associa à Dramática, sem atingi-la a fundo. É evidente que na constituição mais ou menos épica ou mais ou menos pura da Dramática influem peculiaridades do autor e da sua visão do mundo, a sua filiação a correntes históricas, tais como o classicismo ou romantismo, bem como a temática e o estilo geral da época ou do país.

b) O gênero lírico e seus traços estilísticos fundamentais

O gênero lírico foi mais acima definido como sendo o mais subjetivo: no poema lírico uma voz central exprime um estado de alma e o traduz por meio de orações. Trata-se essencialmente da expressão de emoções e disposições psíquicas, muitas vezes também de concepções, reflexões e visões enquanto intensamente vividas e experimentadas. A Lírica tende a ser a plasmação imediata das vivências intensas de um Eu no encontro com o mundo, sem que se interponham eventos distendidos no tempo (como na Épica e na Dramática). A manifestação verbal "imediata" de uma emoção ou de um sentimento é o ponto de partida da Lírica. Daí segue, quase necessariamente, a relativa brevidade do poema lírico. A isso se liga, como traço estilístico importante, a extrema intensidade expressiva que não poderia ser mantida através de uma organização literária muito ampla.

Sendo apenas expressão de um estado emocional e não a narração de um acontecimento, o poema lírico puro não chega a configurar nitidamente o personagem central (o Eu lírico que se exprime), nem outros personagens, embora naturalmente possam ser evocados ou recordados deuses ou seres humanos, de acordo com o tipo do poema. Qualquer configuração mais nítida de personagens já implicaria certo traço descritivo e narrativo e não corresponderia à pureza ideal do gênero e dos seus traços; pureza absoluta que nenhum poema real talvez jamais atinja. Quanto mais os traços líricos se salientarem, tanto menos se constituirá um mundo objetivo, independente das intensas emoções da subjetividade que se exprime. Prevalecerá a fusão da alma que canta com o mundo, não havendo distância entre sujeito e objeto. Ao contrário, o mundo, a natureza, os deuses, são apenas evocados e nomeados para, com maior força, exprimir a tristeza, a solidão ou a alegria da alma que canta. A chuva não será um acontecimento objetivo que umedeça personagens envolvidos em situações e ações, mas uma metáfora para exprimir o estado melancólico da alma que se manifesta; a bem-amada, recordada pelo Eu lírico, não se constituirá em personagem nítida de quem se narrem ações e enredos; será apenas nomeada para que se manifeste a saudade, a alegria ou a dor da voz central.

> Apavorado acordo, em treva. O luar
> É como o espectro do meu sonho em mim
> E sem destino, e louco, sou o mar
> Patético, sonâmbulo e sem fim.

> (Vinícius de Morais, *Livro de Sonetos*)

A treva, o luar, o mar se fundem por inteiro com o Eu lírico, não se constituem em um mundo à parte, não se emanciparam da consciência que se manifesta. O universo se torna expressão de um estado interior.

À intensidade expressiva, à concentração e ao caráter "imediato" do poema lírico, associa-se, como traço estilístico importante, o uso do ritmo e da musicalidade das palavras e dos versos. De tal modo se realça o valor da aura conotativa do verbo que este muitas vezes chega a ter uma função mais sonora que lógico-denotativa. A isso se liga a preponderância da voz do presente que indica a ausência de distância, geralmente associada ao pretérito. Este caráter do imediato, que se manifesta na voz do presente, não é, porém, o de uma atualidade que se processa e distende através do tempo (como na Dramática) mas de um momento "eterno". "Apavorado acordo, em treva" – isso pode ser uma recordação de algo; mas este algo *permanece*, não é passado. O Eu não diz "apavorado acordei"; isso daria à recordação um cunho narrativo: há certo tempo acordei e aconteceu-me isto e aquilo. Mas o "eu acordo" e o pavor associado são arrancados da sucessão temporal, permanecendo à margem e acima do fluir do tempo, como um momento inalterável, como presença intemporal. "O elefante é uni animal enorme" – esta oração refere-se à espécie, é um enunciado que não toma em conta as variações dos elefantes individuais, existentes, temporais. "O elefante era enorme" – esta oração individualiza o animal, situando-o no tempo e, por isso, também no espaço. Trata-se de uma oração narrativa.

c) O gênero épico e seus traços estilísticos fundamentais

O gênero épico é mais objetivo que o lírico. O mundo objetivo (naturalmente imaginário), com suas paisagens, cidades e personagens (envolvidas em certas situações), emancipa-se em larga medida da subjetividade do narrador. Este geralmente não exprime os próprios estados de alma, mas narra os de outros seres. Participa, contudo, em maior ou menor grau, dos seus destinos e está sempre presente através do ato de narrar. Mesmo quando os próprios personagens começam a dialogar em voz direta é ainda o narrador que lhes dá a palavra, lhes descreve as reações e indica quem fala, através de observações como "disse João", "exclamou Maria quase aos gritos", etc.

No poema ou canto líricos um ser humano solitário – ou um grupo – parece exprimir-se. De modo algum é necessário imaginar a presença de ouvintes ou interlocutores a quem *esse* canto se dirige. Cantarolamos ou assobiamos assim melodias. O que é primordial é a expressão monológica, não a comunicação a outrem. Já no caso da narração é difícil imaginar que o narrador não esteja narrando a história a alguém. O narrador, muito mais que se exprimir a si mesmo (o que naturalmente não é excluído) quer *comunicar* alguma coisa a outros que, provavelmente, estão sentados em torno dele e lhe pedem que lhes conte um "caso". Como não exprime o próprio estado de alma, mas narra estórias que aconteceram a outrem, falará com certa serenidade e descreverá objetivamente as circunstâncias objetivas. A história *foi* assim. Ela já aconteceu – a voz é do pretérito – e aconteceu a outrem; o pronome é "ele" (João, Maria) e em geral não "eu". Isso cria certa *distância* entre o narrador e o mundo narrado. Mesmo quando o narrador usa o pronome "eu" para narrar uma estória que aparentemente aconteceu a ele mesmo, apresenta-se já afastado dos eventos contados, mercê do pretérito. Isso lhe permite tomar uma atitude distanciada e objetiva, contrária à do poeta lírico.

A função mais comunicativa que expressiva da linguagem épica dá ao narrador maior fôlego para desenvolver, com calma e lucidez, um mundo mais amplo. Aristóteles salientou este traço estilístico, ao dizer: "Entendo por épico um conteúdo de vasto assunto." Disso decorrem, em geral, sintaxe e linguagem mais lógicas, atenuação do uso sonoro e dos recursos rítmicos.

É sobretudo fundamental na narração o desdobramento em sujeito (narrador) e objeto (mundo narrado). O narrador, ademais, já conhece o futuro dos personagens (pois toda a estória já decorreu) e tem por isso um *horizonte mais vasto* que estes; há, geralmente, dois horizontes: o dos personagens, menor, e o do narrador, maior. Isso não ocorre no poema lírico em que existe só o horizonte do Eu lírico que se exprime. Mesmo na narração em que o narrador conta uma estória acontecida a ele mesmo, o eu que narra tem horizonte maior do que o eu narrado e ainda envolvido nos eventos, visto já conhecer o desfecho do caso.

Do exposto também segue que o narrador, distanciado do mundo narrado, não finge estar fundido com os personagens de que narra os destinos. Geralmente finge apenas que presenciou os acontecimentos ou que, de qualquer modo, está perfeitamente a par deles. De um modo assaz misterioso parece conhecer até o íntimo dos personagens, todos os seus pensamentos e emoções, como se fosse um pequeno deus onisciente. Mas não finge estar identificado ou fundido com eles. Sempre conserva certa distância face a eles. Nunca se transforma neles, não se metamorfoseia. Ao narrar a estória deles imitará talvez, quando falam, as suas vozes e esboçará alguns dos seus gestos e expressões fisionômicas. Mas permanecerá, ao mesmo tempo, o narrador que apenas *mostra* ou *ilustra* como esses personagens se comportaram, sem que passe a transformar-se neles. Isso, aliás, seria difícil, pois não poderia transformar-se sucessivamente em todos eles e ao mesmo tempo manter a atitude distanciada do narrador.

3. O GÊNERO DRAMÁTICO E SEUS TRAÇOS ESTILÍSTICOS FUNDAMENTAIS

a) Observações gerais

Na Lírica, pois, concebida como idealmente pura, não há a oposição sujeito-objeto. O sujeito como que abarca o mundo, a alma cantante ocupa, por assim dizer, todo o campo. O mundo, surgindo como conteúdo desta consciência lírica, é completamente subjetivado. Na Épica pura verifica-se a oposição sujeito-objeto. Ambos não se confundem. Na Dramática, finalmente, desaparece de novo a oposição sujeito-objeto. Mas agora a situação é inversa a da Lírica. É agora o mundo que se apresenta como se estivesse autônomo, absoluto (não relativizado a um sujeito), emancipado do narrador e da interferência de qualquer sujeito, quer épico, quer lírico. De certo modo é, portanto, o gênero oposto ao lírico. Neste último o sujeito é tudo, no dramático o objeto é tudo, a ponto de desaparecer no teatro, por completo, qualquer mediador, mesmo o narrativo que, na Épica, apresenta e conta o mundo acontecido.

b) A concepção de Hegel

Até certo ponto, porém, poder-se-ia considerar a Dramática também como o gênero que reúne a objetividade e distância da Épica e a subjetividade e intensidade da Lírica; pois a Dramática absorveu em certo sentido o subjetivo dentro do objetivo como a Lírica absorveu o objetivo dentro do subjetivo. Tanto o narrador épico desapareceu, absorvido pelos personagens com os quais passou a identificar-se completamente pela metamorfose, comunicando-lhes todavia a objetividade épica, como também se fundiu o Eu lírico com os personagens, comunicando-lhes a sua intensidade e subjetividade. Assim, os personagens apresentam-se autônomos, emancipados do narrador (que neles desapareceu), mas ao mesmo tempo dotados de todo o poder da subjetividade lírica (que neles se mantém viva). Esta é, aproximadamente, a concepção de Hegel (1770-1831): o gênero dramático é aquele "que reúne em si a objetividade da epopeia com o princípio subjetivo da Lírica", na medida em que representa como se fosse real, em imediata atualidade, uma ação em si conclusa que, originando-se na intimidade do caráter atuante, se decide no mundo objetivo, através de colisões entre indivíduos. O mundo objetivo é apresentado objetivamente (como na Épica), mas mediado pela interioridade dos sujeitos (como na Lírica). Também historicamente o surgir do drama pressuporia, segundo Hegel, tanto a objetividade da Épica como a subjetividade da Lírica, visto que a Dramática, "unindo a ambas, não se satisfaz com nenhuma das esferas separadas" (G. W. F, Hegel, *Ästhetik* organizada por Friedrich Bassenge, Editora Aufbau, Berlin, 1955, com introdução de Georg Lukács, p. 1038/39).

A Dramática, portanto, ligaria a Épica e a Lírica em uma nova totalidade que nos apresenta um desenvolvimento objetivo e, ao mesmo tempo, a origem desse desenvolvimento, a partir da intimidade de indivíduos, de modo que vemos o *objetivo* (as ações) brotando da interioridade dos personagens. De outro lado, o *subjetivo* se manifesta na sua passagem para a realidade externa. Vemos, pois, na Dramática uma ação estendendo-se diante de nós, com sua luta e seu desfecho (como na Épica); mas ao mesmo tempo vemo-la *definir atualmente* de dentro da vontade particular, da moralidade ou amoralidade dos caracteres individuais, os quais por isso se tornam centro conforme o princípio lírico. Na Dramática, portanto, não ouvimos apenas a narração *sobre* uma ação (como na Épica), mas presenciamos a ação enquanto se vem originando atualmente, como *expressão* imediata de sujeitos (como na Lírica) (op. cit., p. 935/36).

c) Divergência da concepção aqui exposta

A concepção de Hegel, que apresenta a Dramática como uma síntese dialética da tese épica e da antítese lírica, resulta numa teoria de alto grau de convicção: entretanto, a Dramática não pode ser explicada como síntese da Lírica e Épica. A ação apresentada por personagens que atuam diante de nós é um fato totalmente novo que não pode ser reduzido a outros gêneros. A história prova que um influxo forte de elementos líricos e épicos tende a dissolver a estrutura da Dramática rigorosa. Ademais, o princípio de classificação aqui adotado diverge do hegeliano. Hegel, segundo sua concepção dialética, parte da ideia de que a Dramática é um gênero superior à Lírica e à Épica, devendo por isso contê-las, superando-as ao mesmo tempo. A classificação aqui exposta, todavia, não reconhece nenhuma superioridade de um dos gêneros. Parte da relação do mundo imaginário para com o "autor", este tomado como sujeito fictício (não biográfico e real) de quem emana o texto literário e que aqui foi designado como "Eu lírico" e como "narrador". Na Lírica (de pureza ideal) o mundo surge como conteúdo do Eu lírico; na Épica (de pureza ideal), o narrador já afastado do mundo objetivo, ainda permanece presente, como mediador do mundo; na Dramática (de pureza ideal) não há mais quem apresente os acontecimentos: estes se apresentam por si mesmos, como na realidade; fato esse que explica a objetividade e, ao mesmo tempo, a extrema força e intensidade do gênero. A ação se apresenta como tal, não sendo aparentemente filtrada por nenhum mediador. Isso se manifesta no texto pelo fato de somente os próprios personagens se apresentarem dialogando sem interferência do "autor". Este se manifesta apenas nas rubricas que, no palco, são absorvidas pelos atores e cenários. Os cenários, por sua vez, "desaparecem" no palco, tornando-se ambiente; e da mesma forma desaparecem os atores, metamorfoseados em personagens; não vemos os atores (quando representam bem e quando não os focalizamos especialmente), mas apenas os personagens, na plenitude da sua objetividade fictícia.

d) Traços estilísticos fundamentais da obra dramática pura

O simples fato de que o "autor" (narrador ou Eu lírico) parece estar ausente da obra – ou confundir-se com todos os personagens de modo a não distinguir-se como entidade específica dentro da obra – implica uma série de consequências que definem o gênero dramático e os seus traços estilísticos em termos bastante aproximados das regras aristotélicas. Estando o "autor" ausente, exige-se no drama o desenvolvimento autônomo dos acontecimentos, sem intervenção de qualquer mediador, já que o "autor" confiou o desenrolar da ação a personagens colocados em determinada situação. O começo da peça não pode ser arbitrário, como que recortado de uma parte qualquer do tecido denso dos eventos universais, todos eles entrelaçados, mas é determinado pelas exigências internas da ação apresentada. E a peça termina quando esta ação nitidamente definida chega ao fim. Concomitantemente impõe-se rigoroso encadeamento causal, cada cena sendo a causa da próxima e esta sendo o efeito da anterior: o mecanismo dramático move-se sozinho, sem a presença de um mediador que o possa manter funcionando. Já na obra épica o narrador, dono do assunto, tem o direito de intervir, expandindo a narrativa em espaço e tempo, voltando a épocas anteriores ou antecipando-se aos acontecimentos, visto conhecer o futuro (dos eventos passados) e o fim da estória. Bem ao contrário, no drama o futuro é desconhecido; brota do evolver atual da ação que, em cada apresentação, se origina por assim dizer pela primeira vez. Quanto ao passado, o drama puro não pode retornar a ele, a não ser através da evocação dialogada dos personagens; o *flash back* (recurso antiquíssimo no gênero épico e muito típico do cinema que é uma arte narrativa), que implica não só a evocação dialogada e sim o pleno retrocesso cênico ao passado, é impossível no avanço ininterrupto da ação dramática, cujo tempo é linear e sucessivo como o tempo empírico da realidade; qualquer interrupção ou retorno cênico a tempos passados revelariam a intervenção de um narrador manipulando a estória.

A ação dramática acontece agora e não aconteceu no passado, mesmo quando se trata de um drama histórico. Lessing, na sua *Dramaturgia de Hamburgo* (11º capítulo), diz com acerto que o dramaturgo não é um historiador; ele não relata o que se acredita haver acontecido, "mas faz com que aconteça novamente perante os nossos olhos." Mesmo o "novamente" é demais. Pois a ação dramática, na sua expressão mais pura, se apresenta sempre "pela primeira vez". Não é a representação secundária de algo primário. Origina-se, cada vez, em cada representação, "pela primeira vez"; não acontece "novamente" o que já aconteceu, mas, o que acontece, acontece agora, tem a sua origem agora; a ação é "original", *cada réplica nasce agora*, não é citação ou variação de algo dito há muito tempo.

e) A correspondência de Goethe e Schiller

Muitos dos elementos abordados acima foram discutidos com grande argúcia por Goethe e Schiller na sua correspondência, em que tratam com frequência do problema dos gêneros. Tendo superado a sua fase juvenil de pré-romantismo shakespeariano, voltam-se, na última década do século XVIII, para a antiguidade clássica e debatem a pureza dos seus trabalhos dramáticos em elaboração. O estudo aprofundado de Aristóteles e da tragédia antiga suscita o problema de como seria possível manter puros os gêneros épico e dramático em face dos assuntos e problemas modernos.

Nota-se, pois, uma perfeita intuição do fato de que os gêneros e, mais de perto, a pureza estilística com que se apresentam, devem ser relacionados com a História e as transformações daí decorrentes. Ambos os poetas reconhecem o fato de que – na expressão de G. Lukács – "as formas dos gêneros não são arbitrárias. Emanam, ao contrário, em cada caso, da determinação concreta do respectivo estado social e histórico. Seu caráter e peculiaridade são determinados pela maior ou menor capacidade de exprimir os traços essenciais de dada fase histórica" (Introdução à *Ästhetik* de Hegel, op. cit., p. 21). Talvez se diria melhor que o uso específico dos gêneros – a sua mistura, os traços estilísticos com que se apresentam (por exemplo, o gênero dramático com forte cunho épico) – adapta-se em grande medida à situação histórico-social e, concomitantemente, à temática proposta pela respectiva época.

Na sua discussão, Goethe e Schiller verificam "que a autonomia das partes constitui caráter essencial do poema épico", isto é, não se exige dele o encadeamento rigoroso do drama puro; o poema épico "descreve-nos apenas a existência e o atuar tranquilos das coisas segundo as suas naturezas, seu fim repousa desde logo em cada ponto do seu movimento; por isso não corremos impacientes para um alvo, mas demoramo-nos com amor a cada passo..." (Schiller). Tal observação sugere que a Épica, além de narrar ações (manifestando-se *sobre* elas, em vez de apresentá-las como o drama), se debruça em ampla medida sobre situações e estados de coisas. Contrariamente, no drama cada cena é apenas elo, tendo seu valor funcional apenas no todo.

Goethe, por sua vez, destaca que o poema épico "retrocede e avança", sendo épicos "todos os motivos retardantes". O que sobretudo salienta é que o drama exige um "avançar ininterrupto". E Schiller: o dramaturgo "vive sob a categoria da causalidade" (cada cena um elo no todo), o autor épico sob a da substancialidade: cada momento tem seus direitos próprios. "A ação dramática move-se diante de mim, mas sou eu que me movimento em torno da ação épica que parece estar em repouso." A razão disso é evidente: naquela, tudo move-se em plena atualidade; nesta tudo já aconteceu, é o narrador (e com ele o ouvinte ou leitor) que se move escolhendo os momentos a serem narrados.

f) As unidades

É claro que também o dramaturgo faz uma seleção das cenas – mais rigorosa, aliás, que o autor épico, sobretudo por necessidade de compressão. Hegel diria que a Dramática reúne a concentração da Lírica com a maior extensão da Épica. Todavia, o que prevalece na seleção dramática é a necessidade de criar um mecanismo que, uma vez posto em movimento, dispensa qualquer interferência de um mediador, explicando-se a partir de si mesmo. Qualquer episódio que não brotasse do evolver da ação revelaria a montagem exteriormente superposta. A peça é, para Aristóteles, um organismo: todas as partes são determinadas pela ideia do todo, enquanto este ao mesmo tempo é constituído pela interação dinâmica das partes. Qualquer elemento dispensável neste contexto rigoroso é "anorgânico", nocivo, não motivado. Neste sistema fechado tudo motiva tudo, o todo as partes, as partes o todo. Só assim se obtém a verossimilhança, sem a qual não seria possível a descarga das emoções pelas próprias emoções suscitadas (catarse), último fim da tragédia.

Coro, prólogo e epílogo são, no contexto do drama, como sistema fechado, elementos épicos, por se manifestar, através deles, o autor, assumindo função lírico-narrativa. Dispersão em espaço e tempo – suspendendo a rigorosa sucessão, continuidade, causalidade e unidade – faz pressupor igualmente o narrador que monta as cenas a serem apresentadas, como se ilustrasse um evento maior com cenas selecionadas. Um intervalo temporal entre duas cenas ou o deslocamento espacial entre uma cena e outra sugerem um mediador que omite certo espaço de tempo como não relevante (como se dissesse: "agora fazemos um salto de três anos") ou que manipula os saltos espaciais ("agora vamos transferir-nos da sala do tribunal para o aposento do conde"). Mais ainda, revelam a intervenção do narrador cenas episódicas, na medida em que interrompem a unidade da ação e não se afiguram necessárias ao evolver causal da fábula principal. As famosas três unidades de ação, lugar e tempo, das quais só a primeira foi considerada realmente importante por Aristóteles, parecem, pois, como perfeitamente lógicas na estrutura da Dramática pura. Face a essas razões, que decorrem da lógica interna do gênero, são assaz ineptos os argumentos geralmente aduzidos, sobretudo o de que é necessário aproximar tempo e lugar cênicos do tempo e lugar empíricos da plateia (ou da representação) por motivos de verossimilhança, uma vez que o público, permanecendo apenas durante três horas no mesmo lugar, não poderia conceber uma ação cênica de *seis* anos acontecendo em Roma, Paris e Jerusalém.

g) O diálogo

Faltando o narrador, cuja função foi absorvida pelos atores transformados em personagens, a forma natural de estes últimos se envolverem em tramas variadas, de se relacionarem e de exporem de maneira compreensível uma ação complexa e profunda, é o diálogo. É com efeito o diálogo que *constitui* a Dramática como literatura e como teatro declamado (apartes e monólogos não afetam a situação essencialmente dialógica). Para que através do diálogo se produza uma ação é impositivo que ele contraponha vontades, ou seja, manifestações de atitudes contrárias. O que se chama, em sentido estilístico, de "dramático", refere-se particularmente ao entrechoque de vontades e à tensão criada por um diálogo através do qual se externam concepções e objetivos contrários produzindo o conflito. A esse traço estilístico da Dramática associa-se uma série de momentos secundários como a "curva dramática" com seu nó, peripécia, clímax, desenlace, etc. O diálogo dramático move a ação através da dialética de afirmação e réplica, através do entrechoque das intenções.

Se o pronome da Lírica é o Eu e da Épica o Ele, o da Dramática será o Tu (Vós etc.). O tempo dramático não é o presente eterno da Lírica e, muito menos, o pretérito da Épica; é o presente que passa, que exprime a atualidade do acontecer e que evolve tensamente para o futuro. Sendo o pronome Tu o do diálogo, resulta que a função linguística é menos a expressiva (Lírica) ou a comunicativa (Épica) que a *apelativa*. Isto é, as vontades que se externam através do diálogo visam a influenciar-se mutuamente. Sem dúvida, também as funções expressiva e comunicativa estão presentes – particularmente com relação ao público – mas com relação aos outros personagens prepondera o apelo, o desejo de influir, convencer, dissuadir.

h) Texto dramático e teatro

Como o texto dramático puro se compõe, em essência, de diálogos, faltando-lhe a moldura narrativa que situe os personagens no contexto ambiental ou lhes descreva o comportamento físico, aspecto, etc., ele deve ser caracterizado como extremamente omisso, de certo modo deficiente. Por isso necessita do palco para completar-se cenicamente. É o palco que o atualiza e o concretiza, assumindo de certa forma, através dos atores e cenários, as funções que na Épica são do narrador. Essa função se manifesta no texto dramático através das rubricas, rudimento narrativo que é inteiramente absorvido pelo palco. Fortes elementos coreográficos, pantomímicos e musicais, enquanto surgem no teatro declamado constituído pelo diálogo, afiguram-se por isso em certa medida como traços épico-líricos, já que a cena se encarrega no caso de funções narrativas ou líricas, de comentário, acentuação e descrição que não cabem no diálogo e que no romance ou epopeia iriam ser exercidas pelo narrador. O paradoxo da literatura dramática é que ela não se contenta em ser literatura, já que, sendo "incompleta", exige a complementação cênica.

i) Teatro e público

O canto lírico, como foi exposto, não exige ouvintes (*Parte I, Capítulo 2, Letra* c). Tem caráter monológico e pode realizar-se como pura autoexpressão. A narração, bem ao contrário, exige na situação concreta o ouvinte, o público. O teatro, como representação real, naturalmente depende em escala ainda maior de um público presente e nesse fato reside uma das suas maiores vantagens e forças. Ainda assim, o drama puro – pelo menos o europeu na época pós-renascentista – tende a ser apresentado como se não se dirigisse a público nenhum. A plateia inexiste para os personagens e não há narrador que se dirija ao público. O ator, evidentemente, sabe da presença do público; é para ele que desempenha o seu papel. Mas está metamorfoseado em personagem; quem está no palco é Hamlet, Fedra ou Nora, não o sr. João da Silva ou a sra. Maria da Cunha. Macbeth não se dirige ao público da Comédie Française, Nora não fala ao público da Broadway. Eles se dirigem aos seus interlocutores, a Lady Macbeth ou a Helmer.

Esta breve caracterização do gênero e estilo dramáticos – que em seguida será enriquecida por dados históricos – é naturalmente uma abstração; refere-se a um "tipo ideal" de drama, inexistente em qualquer realidade histórica, embora haja tipos de dramaturgia que se aproximam desse rigor. Na medida em que as peças se aproximarem desse tipo de Dramática pura, serão chamadas de "rigorosas" ou puras, por vezes também de "fechadas", por motivos que se evidenciarão. Na medida em que se afastarem da Dramática pura, serão chamadas de épicas ou lírico-épicas, por vezes também de "abertas", por motivos que igualmente se evidenciarão.

PARTE II:
TENDÊNCIAS ÉPICAS NO TEATRO EUROPEU DO PASSADO

4. NOTA SOBRE O TEATRO GREGO

a) Origem

Que o teatro *literário* da Grécia antiga teve suas origens nos rituais dionisíacos não padece dúvidas. A tragédia nasceu, segundo a expressão de Nietzsche, "do espírito da música" (sacra), da combinação de cantos corais e danças rituais. Numa fase já adiantada do desenvolvimento cerimonial um solista parece ter entrado numa espécie de responsório com o coro, de início ainda cantando e depois declamando em linguagem elevada e poética. Esta renovação é atribuída a Tespis. Ésquilo teria acrescentado ao protagonista o segundo elemento individual, o antagonista, e Sófocles o terceiro, o tritagonista.

b) Elementos épicos no teatro grego

É muito curioso que Aristóteles tenha baseado a sua *Arte Poética* – ponto de partida de toda Dramática rigorosa – no exame de uma dramaturgia que de modo algum é modelo de pureza absoluta, no sentido da forma severa, fechada. A tragédia e a comédia gregas conservaram sempre o coro, conquanto a sua função pouco a pouco se reduzisse. No coro, por mais que se lhe atribuam funções dramáticas, prepondera certo cunho fortemente expressivo (lírico) e épico (narrativo). Através do coro parece manifestar-se, de algum modo, o "autor", interrompendo o diálogo dos personagens e a ação dramática, já que em geral não lhe cabem funções ativas, mas apenas contemplativas de comentário e reflexão. No fluxo da ação costuma introduzir certo momento estático, parado. Representante da *Polis* – Cidade-Estado que é parte integral do universo – o coro medeia entre o indivíduo e as forças cósmicas, abrindo o organismo fechado da peça a um mundo mais amplo, em termos sociais e metafísicos.

Nos *Persas* (472 a.C.) de Ésquilo (525/24-456) nem sequer há o que se poderia chamar propriamente de ação atual; a batalha, como tal invisível, é reproduzida apenas através de relatos a que o coro e os personagens respondem com lamentações formidáveis. Embora haja uma poderosa atualização cênica da dor dos persas, através das falas da rainha, da sombra de Dario e da intervenção de Xerxes e do canto do coro, isto é, através da transformação do relato do mensageiro em plena atualidade cênica, ainda assim os momentos lírico-épicos preponderam no caso e sempre desempenham papel importante no drama grego. É precisamente neles que mais de perto se manifesta o elemento ritual. Este, embora pouco a pouco retroceda, na medida em que se impõem cada vez mais cogitações profanas, continua apesar de tudo um fator permanente. Na obra de Eurípedes (484-406), o coro já perdeu boa parte da sua função e importância iniciais, mas de outro lado surgem nas suas peças prólogos que, como introdução narrativa à obra, representam por sua vez novo elemento épico. Ainda assim, o teatro grego é com muitos dos seus exemplos – como *Antigone* ou *Édipo Rex* – um dos tipos mais elevados de uma dramaturgia que pelo menos se aproxima do ideal da unidade e construção dramáticas rigorosas. Já foi salientado que este rigor não representa, necessariamente, um valor estético.

5. O TEATRO MEDIEVAL

a) Origens

Também o teatro medieval se origina no rito religioso, mais de perto na missa cristã, embora precedendo-o e subsistindo ao lado dele existissem espetáculos de origens e tendências tanto pagãs como profanas.

O culto cristão original nada é senão uma espécie de compressão simbólica dos acontecimentos fundamentais do Evangelho (eucaristia, crucificação, ressurreição etc.), isto é, a narração simbólica da vida, paixão e morte de Jesus. Esta compressão simbólica só precisava ser de novo ampliada, através de pequenas paráfrases ou de enfeites retóricos para que surgisse uma narração até certo ponto dramática, já que o canto antífono apresentava a voz do solista alternando com os coros. Maior dramatização resultou pela introdução de vozes de anjos, mulheres, apóstolos, que se acrescentavam ao responsório.

Em qualquer História do Teatro encontra-se a descrição de como, a partir do século IX, se acrescentavam na Páscoa ao texto do Evangelho de São Marco certos "tropos" ou paráfrases que dramatizam o encontro das Santas Mulheres com o Anjo (ou Anjos), ao chegarem à sepultura de Jesus. Mais tarde esta pequena narração dramática foi ampliada pela inserção de uma cena no mercado por onde passam as Santas Mulheres e onde compram os produtos para embalsamar o corpo de Jesus. No decurso dos séculos, esta ampliação chegou a ponto de a cena do mercado – bem popular, jocosa, cada vez mais enriquecida por novos personagens – ocupar mais tempo do que a cena fundamental que dera início ao desenvolvimento. Mas isso ocorreu numa fase muito posterior.

b) Desenvolvimento

Bem antes deve ter havido um momento em que os participantes passaram a metamorfosear-se nos personagens da ação sagrada; momento em que não somente cantavam ou recitavam os textos, mas em que os clérigos começavam a atuar como se fossem aqueles a quem se atribuíam as falas. Pelas rubricas de textos conservados sabe-se que, a certa altura, as três Santas Mulheres deveriam ir à sepultura "tremulosas e gementes"; mais adiante, quando se inteiram da ressurreição, devem cantar de modo "jubilante". A transição da atitude narrativa à atitude teatral torna-se patente. Essas rubricas tendem a induzir os cantores ao *desempenho*, ao "fazer de conta", através do gesto e da mímica, quase exigidos pelo canto tremuloso e, depois, jubilante.

A dramatização crescente, porém, verificou-se de início ainda à base do ritual da missa, interrompido por reflexões acerca do texto bíblico, comentários lírico-épicos, responsórios. Diante desse pano de fundo épico iam pouco a pouco surgindo e como que se destacando os personagens, semiemancipados do contexto narrativo, mas ainda assim nele inseridos como num mural sem perspectiva. Eles passam a ilustrar o texto cantado pelo evangelista, como num oratório barroco. Quando tais "iluminuras" se acentuam e o drama litúrgico já não é apresentado por clérigos e sim por cidadãos da cidade, a "peça" abandona a igreja e deixa de ser um prolongamento do ofício religioso. Desloca-se, semilitúrgico, para o adro ou pórtico da igreja; o texto passa do latim à língua nacional de cada país; o evangelista é substituído por um patriarca que, no início de cada cena (ou ilustração), narra os eventos intermediários. Mais tarde tende-se a eliminar o narrador, a ação já não se limita aos acontecimentos da Páscoa ou do Natal; passa-se a apresentar a vida de Jesus na íntegra, numa sequência por vezes extensíssima de "*estações*". Ao fim da Idade Média surge o *Mistério*, já totalmente separado da igreja e apresentado em plena cidade. A imensa peça, independente da liturgia, ilustra a visão universal da história humana em amplo contexto cósmico, desde a queda de Adão até o Juízo Final. No entanto, apesar da tendência de eliminar o narrador explícito, mantém-se plenamente o caráter épico fundamental da peça medieval, da mesma forma como certo acento cerimonial e festivo, mercê da constante intervenção da música e dos coros.

c) Os elementos épicos do mistério

Gustave Cohen salienta que a Idade Média não sabia se limitar a um só momento do longo sacrifício de Jesus. "Não consegue concentrar sobre este momento todo o esforço da imaginação dramática, como teriam feito os clássicos se tivessem ousado abordar semelhante tema" (Ver *Histoire de la mise en scène dans le Théâtre Religieux Français du Moyen Âge*, Paris, 1951, p. 71). O teatro medieval "permanece contador e contador não muito hábil, já que deseja narrar tudo". Assim, perde-se em detalhes e episódios, desenvolve todas as coisas desde a origem até ao fim, do berço ao túmulo. A grandeza sublime do desenlace desaparece no turbilhão dos episódios e o alcance moral do espetáculo confunde-se com cenas burlescas que se misturam às cenas sublimes. Em outra parte (p. 209) realça que "a Idade Média levou até às últimas consequências o desprezo pela unidade do tempo, visto considerar o drama como uma estória, como um ciclo e não como um ou vários momentos característicos da vida de um indivíduo". Ao invés disso, narra todas as "*estações*" do seu desenvolvimento.

É típica dessa dramaturgia épica a fusão do elevado e do popular, do excelso e do rude, do sublime e do humilde. Ao gosto clássico, ao qual Cohen se mostra ligado, essa mistura não agrada. Mas ela é típica do próprio cristianismo. Erich Auerbach chama a atenção sobre o fato de que conforme a teoria antiga os estilos sublime (elevado) e humilde (baixo) tinham de permanecer rigorosamente separados. No mundo cristão, porém, ambos os estilos estão desde logo fundidos (*Mimesis*, Ed. A. Francke, Berna, 1946, p. 76/77 e 149 e segs.). Isso decorre do próprio fato de Jesus não ter escolhido os seus primeiros adeptos entre gente culta, de posição elevada, mas entre pescadores e gente pobre. Decorre ainda do fato de o drama medieval se dirigir sobretudo ao povo e sua finalidade ser popular, didática.

Essa mistura de estilos, ligada à fusão das camadas sociais nas peças, é impossível na tragédia clássica. Boileau (1636-1711) exige mesmo na comédia um estilo, senão elevado, ao menos médio e decoroso. Molière é censurado por não manter este decoro estilístico (Ver *Art Poétique*, Canto III, 393-400). Na ampliação do estilo revela-se a ampliação social da peça que não se restringe a um grupo diminuto de personagens seletos, como ocorre na tragédia clássica. O surgir de numerosos personagens de origem e posição diversas introduz no mistério aspectos múltiplos e variadas perspectivas; tende a tornar a ação mais episódica do que convém ao rigor clássico, fechado. Na mistura estilística manifesta-se, pois, em geral, certo traço épico: o drama abre-se a um mundo maior, mais variegado. Se Gustave Cohen fala de "cette folie", desta mania de apresentar a vida de um santo desde a primeira infância até o martírio, de voltar à criação do mundo ou ao sacrifício de Abraão a fim de anunciar o Cristo, quando cada um desses temas poderia ter dado um bom drama, talvez se deva discordar desta crítica, pois é a própria visão cristã que une todos esses episódios no tecido indissolúvel da História Sagrada em que tudo está ligado a tudo e nada escapa do plano divino. Esta visão universal – que reencontraremos na obra de P. Claudel – reúne a multiplicidade dos episódios como em uma ação única: a da História Sagrada. A vasta extensão do tempo afigura-se como perfeita unidade – o tempo da História da Humanidade, desde a criação do mundo até o Juízo Final – e os múltiplos lugares constituem um só lugar, o do universo cristão, englobando céu, terra e inferno. Evidentemente, do ponto de vista da Dramática pura, Cohen tem plena razão: o medievo tende a transformar o drama em uma vasta epopeia, "ou melhor, em um conto dramático ilustrado por cenários e personagens" (op. cit., p. 71).

A amplitude épica do mistério chegou a ponto de certos desses festivais ao mesmo tempo religiosos e profanos, onde participava e colaborava toda uma cidade com suas corporações artesanais, quer como executantes, quer como promotores e espectadores, se estenderem até quarenta dias (a média era de três dias), com sessões das oito horas a quase meio-dia e da uma hora às seis da tarde.

d) O palco simultâneo

Existia na Idade Média uma espécie de palco sucessivo, constituído por uma série de carros, cada qual com cenários diversos que representavam lugares diferentes. Os carros sucediam-se, parando um depois do outro em pontos determinados para em cada um ser apresentada uma das cenas da peça. Depois os carros seguiam, numa espécie de procissão dramática.

Mas a grande invenção do teatro medieval foi a cena simultânea, usada a partir do século XII. Somente na época de Corneille (1606-1684) este palco foi definitivamente extinto para ser restaurado – embora de forma bem diversa – em nossos tempos. Consistia esta invenção em colocar antecipadamente, lado a lado, todos os cenários requeridos, numa série de "mansões" ou casas, ao longo de estrados separados do público por uma barreira. Esta cena podia ter até 50 metros de extensão. Todos os lugares da ação, todos os elementos da cenografia – o crucifixo, o túmulo, a cadeia, o trono de Pilatos, a Galileia, o céu, o inferno, etc. – encontravam-se deste modo de antemão justapostos e os personagens iam se deslocando durante o espetáculo de um lugar a outro, de uma casa a outra, segundo as necessidades da sequência cênica. Quanto ao público, acompanhava o espetáculo, deslocando-se com os atores em ação (os outros mantinham-se geralmente à vista do público, descansando, à semelhança do que foi recomendado por Brecht para a encenação de algumas de suas peças). Assim, a Natividade apresentada em Rouen em 1474 contava 22 lugares diferentes entre o paraíso e o inferno, e os espectadores deslocaram-se de Jerusalém e Belém a Roma. Houve, porém, mistérios que apresentavam até 70 mansões justapostas. Nestas havia panos de fundo – não se inventara ainda o pano de boca – e o complexo jogo cênico exigia inúmeros acessórios e máquinas engenhosas que permitiam, nas alturas, a deslocação aérea dos anjos; demônios surgiam dos abismos, saindo de alçapões, chamas flamejavam no inferno, tempestades e ondas revoltas se abatiam, ruidosas, sobre a cena; terríveis torturas eram infligidas a bonecos que substituíam os atores. Do céu descia o Espírito Santo, envolto em raios luminosos. Havia um verdadeiro movimento vertical, desde os abismos infernais até o céu, – movimento que abarcava o homem situado no plano intermediário.

O palco simultâneo corresponde de maneira estupenda à forma épica do teatro medieval. Na deslocação do público, diante de um palco de eventos já passados ou pelo menos conhecidos (ainda quando se estendem ao futuro do Juízo Final), exprime-se exatamente o fenômeno descrito por Schiller: "sou eu que me movimento em torno da ação épica que parece estar em repouso" (I, 3, e).

No *Jeu d'Adam* (*Auto de Adão*, fins do século XII), já escrito em língua francesa excetuando-se os coros, Adão – e em outras peças outros personagens – já sabe que será redimido pelo sacrifício de Cristo, isto é, o próprio personagem conhece a História Sagrada desde os inícios até o fim dos tempos. Não a conhecem só o autor ou público, como ocorre na Grécia antiga, onde somente os pósteros estão a par dos mitos, ao passo que os personagens os vivem "pela primeira vez" (I, 3, d). Isto implica que Adão tem, de certo modo, dois horizontes, o do personagem atuante e o do narrador e dos pósteros, este bem mais amplo; ele atua e sabe ao mesmo tempo que desempenha um papel no grande teatro do mundo – desdobramento que Claudel, seguindo padrões barrocos, tornou explícito na peça *O Livro de Cristóvão Colombo*. O palco simultâneo corresponde exatamente a este cunho épico da representação; toda a ação já aconteceu e o próprio futuro é antecipado, sendo tudo simultâneo na eternidade do *logos* divino. A temporalidade sucessiva é apenas aparência humana (como Santo Agostinho expusera nas *Confissões*). A eternidade divina é atemporalidade em que o "então" das origens coincide com o "então" escatológico. O palco simultâneo é a manifestação da essência, sobrepondo-se à aparência sucessiva.

Cada evento cotidiano é ao mesmo tempo elo de um contexto histórico universal e todos os elos estão em relação mútua e devem ser compreendidos, simultaneamente, como de todos os tempos e acima dos tempos. Assim, a Idade Média concebia o sacrifício de Isaac como prefiguração do sacrifício de Cristo; no primeiro, o último é "anunciado" e "prometido"; e o último remata o primeiro. Se Deus criou da costela de Adão adormecido a primeira mulher, isso prenuncia "figuralmente" a ferida de Jesus causada pela lança do soldado; o sono de Adão é uma "figura" do sono mortal de Jesus. A conexão entre estes acontecimentos – sem relação temporal ou causal, sem associação no decurso horizontal e linear da história – só se verifica pela ligação vertical com a providência divina. O aqui e agora espaciotemporal já não é só elo de um decurso terreno; é, simultaneamente, algo que sempre foi e algo que se cumprirá no futuro; é, em última análise, eterno (Ver Erich Auerbach, op. cit., p. 77, etc.). A imagem sensível desta concepção é o palco simultâneo.

e) O desempenho

Foi exposto antes (II, 5, b) que a *metamorfose* do clérigo ou narrador em personagem determinou o momento da passagem da narração a teatro (Ver I, 2, c). No entanto, o termo metamorfose deve ser entendido de um modo lato. Não devemos projetar concepções atuais dentro de épocas remotas. A ideia do ator como artista que plasma o personagem com seu próprio corpo e alma, fundindo toda a sua individualidade com ele, a ponto de, superando-se a si mesmo, chegar a desaparecer para deixar no palco somente o personagem com que se fundiu por inteiro – esta ideia provém de uma época pós-medieval que busca criar no teatro a *ilusão* de uma ação plenamente atual, como se esta se originasse neste momento da apresentação; a ilusão de seres que, no palco, agora mesmo inventam as orações de seus diálogos. Tal procura de ilusão impôs-se numa época em que o teatro se tornou instituição fixa, com prédio especial, em que trabalham atores profissionais, altamente especializados, "enfrentando" um público que, longe de ser promotor do espetáculo, é um grupo casual, variável, amorfo, que paga entradas e exige algo pelo seu dinheiro. Para que, nestas condições, um público crítico possa ser induzido a "participar" e a "identificar-se", o ator precisa empenhar toda a sua energia artística.

Bem diversa é a situação na Idade Média (e ainda diferente na Antiguidade). O mesmo interesse amplo, a mesma atmosfera de culto ou festa encerra no seu círculo mágico, desde o início tanto o palco como o público; a causa é comum, o próprio público promoveu o espetáculo e participou da sua elaboração; boa parte dos atores é constituída de leigos e conhecidos – com exceção talvez dos jograis e mimos ambulantes que são mobilizados para os interlúdios burlescos e para representarem os diabos, os papéis cômicos e de judeus. A participação, neste caso, é de outra ordem e não precisa de uma ilusão artisticamente criada.

Nesta época pré-ilusionista (se é permitido usar este neologismo) não era necessário, portanto, um labor artístico semelhante ao de épocas mais recentes. Para o ator leigo isso de qualquer modo teria sido tarefa quase impossível, na pressuposição de que sequer se pudesse conceber desempenhos ilusionistas. Segundo todas as probabilidades, o ator na Idade Média era apenas o "portador" dos personagens, "representante" e intermediário deles e não seu "criador" ou "recriador". Como o fantoche do teatro de marionetes nunca pode tornar-se e "ser" o personagem humano – que ele apenas substitui e ilustra ou mostra – assim o ator de épocas pré-ilusionistas não pensa em recriar e "encarnar" demônios, deuses, heróis, o filho de Deus, anjos ou figuras bíblicas. Não é seu intuito dar uma imagem física e psiquicamente diferenciada do ser sagrado, mas apenas o de lhe servir de suporte (eventualmente com máscara que, desde logo, impede qualquer encarnação mímica realista e diferenciada). Não visa à "semelhança" com o modelo, a caracterização é assaz esquemática e o importante não é, de qualquer modo, representar *caracteres* e sim apresentar os *eventos* míticos ou sagrados. Teria sido quase heresia se o ator de Cristo quisesse fundir a sua individualidade com a do personagem sagrado, plasmando dele uma imagem psicológica sutil, feita de tal modo do próprio corpo e alma que resultasse a identificação indissolúvel entre ele e o filho de Deus. Sem dúvida emprestava ao seu papel certa nota peculiar, pessoal, mas uma concepção muito subjetiva, a recriação muito apaixonada e diferenciada, com o empenho de uma imaginação artística requintada, teria sido, no caso, extremamente perturbadora. O ator apenas emprestava seu corpo como lugar de manifestação do sagrado; era mediador do ente eterno, mas não se fundia com ele. O exposto é confirmado por representações tradicionais da Paixão (p. ex. em Oberammergau), assim como pelo fato de que nos grandes mistérios um só personagem muitas vezes era representado no mesmo espetáculo por vários atores, sem que isso diminuísse a unidade do personagem ou a participação de uma comunidade que não era ainda "público" no sentido moderno e não precisava da "ilusão".

Trata-se, pois, de uma espécie de metamorfose incompleta. Permanece certa distância entre ator e personagem; aquele apenas ilustra a narração de que o personagem ainda não se emancipou plenamente. O ator pré-ilusionista não lança ainda toda a sua personalidade dentro do personagem, apenas o mostra. Já o ator do teatro ilusionista entrará quase com todo o seu ser no papel, assimilando o seu tipo ao do personagem (e este em certa medida ao seu tipo), a ponto de acabar desaparecendo, feito um novo ser. Semelhante, embora oposto, é o empenho do astro cinematográfico que assimila o personagem ao seu tipo pessoal. O ator e o astro se fundem com o personagem, mas aquele tende a adaptar-se ao papel, ao passo que no caso deste o papel é adaptado a ele. Já o mediador medieval permanece a certa distância, como que *aquém* dele.

Isso resulta num estilo de representação até certo ponto comparável àquele que se encontra nos teatros asiáticos e que foi proposto por Brecht, mas em ambos os casos como expressão de um domínio artístico superior que coloca o ator *além* do papel. No caso de Brecht, em particular, como expressão de um estilo pós-ilusionista e não pré-ilusionista do teatro.

Ainda assim, os atores medievais dedicavam-se com imensa seriedade ao papel, conscientes de desempenharem importante função religiosa à luz da salvação eterna (Ver G. Cohen, op. cit., p. 47). Sua sinceridade deve ter sido completa. Mas apesar dessa sinceridade havia nos seus gestos algo de uma rigidez hierática, algo de petrificado, já que executavam prescrições de uma convenção imutável, por assim dizer um "gestus social" (Brecht), e não pensavam em "exprimir" a sua imagem subjetiva do personagem. Pode-se falar de um cânone firmemente estabelecido de gestos simbólicos, com significado ilustrativo.

A dicção é igualmente convencional, monótona, lenta e salmodiante (mesmo se não acompanhada de música). A representação em praça pública não permite nuanças expressivas. Segundo cálculos feitos à base do número dos versos e da duração do espetáculo (tomando-se em conta os coros, etc.) acredita-se que o diálogo teatral de hoje seja duas vezes mais rápido do que o da Idade Média. Mesmo considerando que o homem metropolitano de hoje decerto fala com maior rapidez do que o cidadão urbano da Idade Média, esse cálculo dá uma ideia nítida de uma dicção convencionalizada e solene que não decorre das necessidades psicológicas do ator e do personagem e sim da ilustração de uma narração sagrada.

6. TRAÇOS ÉPICOS NO TEATRO PÓS-MEDIEVAL (RENASCIMENTO E BARROCO)

a) Penetração do ideal aristotélico

Graças ao conhecimento cada vez mais preciso da antiguidade grega e romana e dos escritos de Aristóteles, implanta-se a partir do Renascimento pouco a pouco a ideia da peça rigorosa capaz de preencher ao máximo os cânones da Dramática pura. Aristóteles é interpretado como se tivesse estabelecido, na sua *Arte Poética*, prescrições eternas para toda a dramaturgia possível, independentemente de espaço geográfico, tempo histórico ou gênio nacional. Tais interpretações atribuem ao filósofo a fixação definitiva mesmo de normas que só de passagem aborda (como a unidade do tempo) ou que nem sequer menciona (como a unidade do lugar). A adoção de tais e outras regras geralmente é defendida pela necessidade de manter a máxima verossimilhança. Esta, por sua vez, é exigida para se obter o resultado do espetáculo teatral, a catarse, ou ao menos o simples prazer que resulta da apresentação verossímil do fantástico e maravilhoso.

b) O palco ilusionista

Graças à verossimilhança obtém-se a ilusão que permite ao espectador viver intensamente a ação cênica, esquecendo a sua condição particular. O ideal da ilusão máxima, se conduziu ao "palco à italiana", foi por sua vez reforçado por esta cena. O palco encontra-se a certa distância em face do público, como um quadro dentro de cuja moldura os personagens se movem diante de um plano que, mercê da perspectiva, cria a ilusão de grande profundidade. A invenção da perspectiva central é, antes de tudo, expressão do desejo renascentista de conquistar e dominar a realidade empírica no plano artístico. Ela é sintoma de uma deslocação do foco de valores: a transcendência cede terreno à imanência, o outro mundo a este, o céu à terra. A perspectiva coloca a consciência humana – e não a divindade – no centro; ela projeta tudo a partir deste foco central. O palco simultâneo apresentara o homem como num mural imenso, sem profundidade plástica e psicológica, mergulhado no mundo vasto da narração, inserido nas mansões como as esculturas nos nichos das catedrais de que elas mal se destacam. Fora uma visão *teocêntrica* que neste palco se exprimira, conforme a qual o homem é parte do plano divino universal. Já o palco à italiana atribui ao homem, diante do pano de fundo com sua ilusão perspectívica e entre os "telari" prismáticos, logo substituídos pelos bastidores, uma importância sem par. Tudo é projetado a partir dele; o indivíduo, seu caráter e psicologia, tornam-se o eixo do mundo. Para aumentar o efeito perspectívico acentua-se a tendência de separar palco e plateia – separação indispensável para aumentar a ilusão, visto que a proximidade tende a realçar o ator e não o personagem. Essa separação se destacará ainda mais pela introdução do pano de boca, inicialmente na ópera italiana (séculos XVI/XVII), e, na medida em que os palcos se fecham em prédios, pela instalação da ribalta que dota a cena de sua própria luz. O público, por sua vez, que antes comungava da mesma luz da cena (quer do sol, quer das velas e lâmpadas), pouco a pouco é envolto em penumbra, como se não existisse para o palco, enquanto este, luminosa lanterna mágica, desenvolve para a plateia em trevas toda a sua força hipnótica.

Todavia, essa descrição antecipa desenvolvimentos posteriores do palco ilusionista que ainda durante muito tempo vive em competição com várias formas de palco simultâneo e outros tipos cênicos. A própria separação entre palco e público processou-se lentamente e foi muitas vezes interrompida. Com efeito, é só com Voltaire (1759) que a cena da "Comédie Française" ficou livre de espectadores. Em muitos momentos da época renascentista e barroca o palco se une à plateia e é quase cercado por ela. O próprio ideal da peça rigorosa foi raramente atingido. Mas a partir do século XVI a *Arte Poética* de Aristóteles torna-se uma espécie de fetiche estético e as regras levam, particularmente em França, a uma arte de rara perfeição.

c) Do Renascimento ao Barroco

Na época que vai dos fins da Idade Média ao Barroco multiplicam-se as formas dramáticas e teatrais caracterizadas por forte influxo épico em consequência do uso amplo de prólogos, epílogos e alocuções intermediários ao público, com fito didático, de interpretação e comentário, à semelhança de técnicas usadas no nosso século por Claudel, Wilder e Brecht. Na Alemanha se tornam queridos os "Fastnachtsspiele" (peças de trote e farra) aparentados com a "sotie" (sot = bobo) francesa. De origem pagã (exorcismo de demônios), alcançam forma literária particularmente com Hans Sachs (1494-1576), sapateiro e "mestre-cantor" de Nuremberg. Pequenas farsas, quadros de costumes em forma de revista, apresentam com frequência cenas de tribunais em que há sempre um elemento de direção para o público, visto este ser solicitado a participar do julgamento, tendo de julgar por vezes os próprios julgamentos cênicos. A forma "*aberta*" dessas peças – aberta por não se fecharem no palco e por serem dirigidas explicitamente ao público – realça-se por vezes pela ausência de sentença ou "*desfe-*

cho" de modo que o público é forçado a concorrer com a sua própria opinião. A direção ao público é sintoma de tendência épica, por não ser propriamente o personagem que se dirige ao público, mas o ator como porta-voz do autor, isto é, como narrador que não se identificou por inteiro com o papel (I, 2, c; I, 3, i). A direção explícita para o público tende também a interromper a situação dialógica entre os personagens.

d) As moralidades

No século XVI acentua-se a tendência didática, devido à disputa entre Reforma e Contrarreforma. O caráter teológico-moralizante, polêmico, do teatro da Reforma – verdadeiro púlpito cênico – encontrou certo reflexo no teatro de Brecht. Tal didatismo prevalece nas moralidades constituídas de longos debates entre caracteres alegóricos que representam virtudes e vícios. Essas abstrações personificadas costumam acompanhar um ente humano na sua caminhada ao túmulo. Uma das moralidades mais famosas dos fins do século XV é *The Moral Play of Everyman* (O Auto Moral de Todo-mundo), no qual surgem, ao lado do rico "Todomundo", figuras como a Beleza, o Saber, as Boas Obras, os Bens, a Força, etc. A peça inicia-se com uma alocução do mensageiro ao público; em seguida, Deus lamenta o mau comportamento da humanidade e envia a Morte a fim de intimar "Todomundo" a comparecer ao "ajuste de contas". Na sua angústia, "Todomundo" busca um companheiro para sua última viagem, mas todos o abandonam – a Força, a Beleza, os Bens terrenos etc., com exceção das Boas Obras. Após a morte do rico "Todomundo", o médico comunica ao público a moral da peça: "Todomundo" foi abandonado por tudo e todos – só as Boas Obras o salvarão.

e) Gil Vicente

A esta fase pertence a obra de Gil Vicente (1470-1536), uma das mais importantes do teatro da época. Muitas das suas peças são moralidades em que por exemplo o mundo é apresentado como uma grande feira, cujas mercadorias são as virtudes e os vícios que se vendem a bom dinheiro. Ou então o mundo vira floresta em que os personagens se caçam mutuamente. Seus autos, contudo, não tem a rigidez das moralidades da época; as alegorias transformam-se em vida, em personagens saborosos. Não é sem razão que Brecht foi comparado a Gil Vicente. Antônio José Saraiva chama a atenção sobre o forte cunho épico de parte da obra de Gil Vicente, particularmente do "auto narrativo" que é "a transposição teatral de um romance ou de um conto... como o Auto da Índia ou a Inês Pereira" (Ver Prefácio ao *Teatro de Gil Vicente*, Ed. Portugalia, Lisboa, 1959, p. 15; ver também "Gil Vicente e Bertolt Brecht" em Para a *História da Cultura em Portugal*, Ed. Publicações Europa-América, Lisboa, sem data, vol. II, p. 309-324; o estudo mencionado apareceu originalmente em *Vértice*, 1960). Segundo A. J. Saraiva, O *Círculo de Giz Caucasiano* (Brecht) seria "um verdadeiro auto vicentino e oferece até na sua personagem principal uma variante do *Juiz de Beira*: o juiz que, por falta de senso comum, faz prevalecer a pura justiça contra os preconceitos reinantes. A analogia entre Gil Vicente e Brecht resulta não apenas de uma intenção análoga de crítica social mas principalmente de uma idêntica concepção do espetáculo teatral" (Prefácio, p. 16/17).

Mas além do cunho narrativo geral de tais peças deve--se acrescentar, por exemplo, que o *Auto de Inês Pereira* é uma parábola, ilustrando um provérbio popular: Antes quero asno que me leve que cavalo que me derrube. A parábola em si é "épica", por referir a peça a algo exterior a ela, fato que lhe tira a atualidade dramática absoluta e a relativiza pela referência a algo precedente. É o narrador que "ilustra" um provérbio contando um caso.

Não é preciso repetir que a cena do julgamento visa ao público. O juiz de Brecht e o de Gil Vicente julgam, de resto, de um modo totalmente contrário ao que prescreve a lei positiva. Essa maneira paradoxal de julgar cria certo efeito de distanciamento, do qual, ao que tudo indica, Gil Vicente é um predecessor remoto e eficaz. Na linha da obra vicentina encontra-se uma peça moderna como o *Auto da Compadecida*, de Ariano Suassuna, que nela uniu à temática universal o elemento regional, oriundo de fontes folclóricas nordestinas. Há um palhaço como narrador, promovendo as ligações necessárias. O júri no céu, perante o qual os pobres e puros são redimidos pela intervenção de Nossa Senhora, retoma a típica situação das peças didáticas da época vicentina (Ver Sábato Magaldi, *Panorama do Teatro Brasileiro*, Ed. Difusão Europeia do Livro, São Paulo, 1962, p. 220-228).

f) O Teatro Jesuíta

Não sem razão se disse que o Barroco é um Gótico que passou pelo Renascimento. Nele não se perdeu a conquista da terrena realidade, do esplendor dos sentidos; mas toda a beleza profana é revelada, em última análise, como ilusão passageira. A vida festiva, a pompa, a glória e a volúpia carnal são experimentadas com intensidade quase dolorosa – mas sobre tudo isso ergue-se um dos grandes símbolos do Barroco: o relógio. Toda a época agita-se entre os polos da beleza fugaz e da transcendência do ser absoluto, entre o prazer do momento e o anseio místico da eternidade. A própria perspectiva pictórica renascentista, levada a extremos de ilusionismo, serve para revelar o "engano" dos sentidos.

Expressão dessa atitude é o Teatro Jesuíta, manifestação da Igreja militante em luta com a Reforma. O uso de todos os recursos teatrais, com o empenho de cores, massas humanas, música, *ballet*, decorações marítimas e silvestres, complexas máquinas de voo para permitir mesmo lutas aéreas entre anjos e demônios, todo esse imenso aparato barroco naturalmente tem antes de tudo o fito de prender a massa de espectadores que de qualquer modo não entenderia o texto latino. Trata-se de uma arte que é muito mais da imagem do que da palavra e que procura impressionar o povo, colocando os fiéis em estado de admiração devota. A tendência didática apoia-se na apresentação de lendas de mártires e santos, incluindo passos do Velho Testamento e da mitologia antiga, tanto para edificar o público como para aterrorizá-lo, mostrando-lhe em cenas horripilantes as consequências da heresia e da maldade.

Mas na pompa festiva da cena exprime-se mais do que apenas o desejo de impressionar um público ingênuo. O fato é que todos os recursos cênicos inventados no Renascimento para conquistar e dominar a realidade terrena são agora mobilizados para obter precisamente o efeito contrário: não para consolidar e sim para abalar a realidade, não para emprestar realidade à aparência e sim para transformar a própria realidade em aparência" (R. Alewyn, *Das Grosse Welttheater*, Ed. Rowohlt, Hamburgo, 1959, p. 60). A invenção dos bastidores, desses telões de fácil manipulação, que tão bem iludem os olhos e nos inculcam uma realidade falsa como se fosse autêntica, levou imediatamente a uma verdadeira fúria de mágicas mudanças cênicas. Muito mais importante do que cada uma das decorações era sua constante transmutação e essa acompanha as metamorfoses de personagens e objetos, seu surgir e desaparecer, as intervenções divinas e demoníacas que tudo mantêm em constante mudança.

g) O teatro como tema do teatro

Tudo isso, porém, nada é senão símbolo de um mundo enganador e fugaz, em constante mudança, sem substância, como os telões e o papelão pintado. A ilusão óptica torna-se um símbolo da ilusão da vida profana. Não só os bastidores criam um mundo fantasmagórico do qual nunca se sabe onde começa a realidade e onde termina a aparência; também os personagens entregam-se ao disfarce e ao equívoco. O que na comédia é apenas uma encenação lúdica, sem consequências, torna-se no drama exemplo da falsidade do mundo e da arbitrariedade da fortuna. Toda a vida e realidade se tornam sonho e engano. O teatro, na sua íntegra, passa a ser símbolo do mundo. Tanto o velho Shakespeare como Calderón concordam nisso. Todo o Barroco ecoa o sermão da fugacidade deste mundo enganador. Tudo é máscara e disfarce. A imensa sensualidade do teatro barroco ensina-nos a lição de que o mundo dos sentidos é irreal como o teatro. Face ao mundo, porém, o teatro tem a honestidade de confessar-se teatro e de saber que é engano. Ele é "aparência real numa realidade aparente' (Alewyn, op. cit., p. 69). Ao engano do teatro não segue o desengano. Assim, o teatro barroco torna-se, apesar do seu extremo ilusionismo, instrumento didático do espírito e da verdade. As suas metamorfoses perturbadoras ensinam que só na eternidade há ser verdadeiro, inalterável. Para ministrar essa lição, o teatro no teatro torna-se essencial ao teatro barroco. A ilusão se potencializa para no fim desmascarar-se; a cortina sobe cedo demais enquanto no palco ainda se montam cenários e se provam as máquinas; a peça começa antes da peça, desenrola-se no seu próprio ensaio; os atores começam a brigar (ainda Pirandello e Wilder se inspiram no Barroco), enquanto da plateia se ouvem protestos. A figura cômica sai do papel, torce pelo público contra os colegas. É um teatro desenfreado que, no seu excesso, se desmascara como teatro e ficção. O teatro põe-se a si mesmo em questão. A própria forma do teatro torna-se tema, objeto de discussão, a partir de uma visão teológica. Assim, passa a ser na sua íntegra uma *parábola*, ilustração cênica da tese fundamental de que a vida é sonho. É isso que dá ao teatro barroco certo cunho épico – muito mais que a não observação das regras aristotélicas. Há por trás de todas essas encenações multicores um narrador invisível que demonstra a tese. Os personagens não vivem a sua própria vida, agora e aqui, numa atualidade irrecuperável. São apenas chamados pelo diretor para repetir, através da sua coreografia, um ritual que confirma a tese.

O mundo é um teatro – "El gran teatro del mundo" – cujo diretor é Deus. Na obra de Calderón toda a história, particular ou universal, mais uma vez é história sagrada. Tudo faz parte do grande processo entre Deus e o demônio, iniciado com a queda do homem e de antemão decidido no Juízo Final. Toda a vida humana é parte de um espetáculo em que "Todomundo" desempenha o papel prescrito por Deus. O homem barroco sabe que está num espetáculo, exatamente como o Crespo da peça de Calderón que no fim se dirige ao público, dizendo que aqui termina a estória e pedindo desculpas pelas deficiências.

Face a isso é de menor importância que o teatro espanhol da época se tenha mantido livre das regras e que Lope de Vega se haja gabado de fechá-las à chave quando escrevia uma peça. Deve-se, ao contrário, acentuar que, apesar do vasto mundo integrado na dramaturgia de Lope de Vega e Calderón e apesar da extrema liberdade no tratamento de lugar e tempo, há, em suas obras, uma concentração surpreendente. Neste sentido, os "autos sacramentales" de Calderón representam a glorificação e o aperfeiçoamento máximos do mistério medieval, no sentido estético. Em condensação alegórica extraordinária, apresentam a visão universal do drama medieval, mormente a interpretação da eucaristia. Ainda assim conservam, não só no sentido profundo, mas também na amplitude do material absorvido, o caráter épico ao fundir no seu ritual cênico denso o Velho e o Novo Testamento, lendas, sagas, histórias, símbolos e parábolas e mesmo temas da mitologia antiga.

7. SHAKESPEARE E O ROMANTISMO

a) Lessing

A luta contra os cânones clássicos da dramaturgia rigorosa iniciou-se no século XVIII, na fase do pré-romantismo alemão. Ela travou-se sobretudo contra a tragédia clássica francesa, à qual foi oposta a obra de Shakespeare, como modelo supremo.

Um dos primeiros a lançar-se à luta foi G. E. Lessing (1729-1781) que ainda não fazia parte dos pré-românticos, sendo antes representante da Ilustração racionalista. Sua polêmica contra a tragédia clássica não poderia ser explicada apenas por motivos estéticos. Não lhe poderiam escapar as elevadas qualidades dos clássicos franceses. Representante da burguesia alemã ascendente, Lessing combatia na tragédia clássica o absolutismo que nela se cristalizara numa forma dramática de perfeição extraordinária; forma, todavia, que com sua beleza equilibrada, com suas rígidas regras, com seu cerimonial solene e decoro da corte, com sua depuração e delicado requinte, seu esplendor e pompa que penetram até o âmago do verso e vocabulário selecionado, se destina a glorificar o mundo rarefeito dos reis e da aristocracia. Era impossível colocar burgueses dentro da estilização refinada da tragédia francesa.

Proclamando-se herdeira exclusiva de Aristóteles, fiada em regras absolutas e universais, independentes de situações histórico-geográficas, a dramaturgia clássica se afigurava aos olhos do mundo como um modelo insuperável. Para destruir a sua função de modelo era necessário mostrar que a teoria e a obra dos franceses de modo algum correspondiam nem ao espírito, nem à letra do pensamento aristotélico. O ataque de Lessing – adepto irrestrito de Aristóteles – visa por isso a demonstrar sobretudo que o rigor clássico deforma ideias essenciais do filósofo. Não importa verificar, neste contexto, se Lessing interpretou o pensamento aristotélico, na sua *Dramaturgia de Hamburgo* (1769), de um modo mais correto que os franceses. O que importa é que salientou, como princípio fundamental, o *efeito* catártico da tragédia. Sendo a catarse o objetivo último da peça (segundo Aristóteles e Lessing), o que se impõe é usar todos os recursos que a produzam, mesmo ferindo as chamadas regras. Ora, o infortúnio daqueles cujas circunstâncias se aproximam das nossas penetrará, segundo Lessing, com mais profundeza em nossa alma, sendo que "os nomes de príncipes e heróis podem dar a uma peça pompa e majestade, mas nada contribuem para a emoção" (isto é, a catarse). Para um público burguês será muito mais fácil identificar-se e sofrer com o destino de um burguês do que com as vicissitudes de um rei ou de uma princesa.

No fundo, Lessing se dirige contra o *éloignement* clássico, o "distanciamento" (de nenhum modo brechtiano) dos personagens pelo seu afastamento no tempo e no espaço que era considerado necessário para aumentar-lhes a grandeza trágica. "Pode-se dizer", observa Racine, "que o respeito que se tem pelos heróis aumenta na medida em que eles se distanciam de nós" (2º Prefácio a *Bajazet*). A opinião é que deste modo a emoção se torna mais pura e intensa.

Lessing é de opinião contrária: a emoção se intensifica com a aproximação dos personagens. Ponham burgueses no palco, como nós, da nossa época, e a catarse se verificará com muito mais força. No entanto, havendo burgueses no palco – seres reais como nós – será impossível manter a ilusão se eles falarem em versos. E sem a ilusão – de que Lessing foi um dos mais ardorosos adeptos – não há emoção, nem catarse. O diálogo em prosa, por sua vez, exige um estilo mais realista, o que implica toda uma série de consequências contrárias à tragédia clássica. De qualquer modo, o "gênio" (cuja máxima encarnação é Shakespeare) não precisa se ater às regras. "O que, afinal, se pretende com a mistura dos gêneros? Que se os separe nos manuais, com a máxima exatidão possível: mas quando um gênio, em virtude de intuitos mais altos, faz confluir vários gêneros em uma e a mesma obra, que então se esqueça o manual e examine apenas se atingiu a esses intuitos mais altos" (isto é, à catarse). Uma vez atingidos, é indiferente se uma peça "nem é totalmente narração, nem totalmente drama". E concluindo: "Por ser a mula nem cavalo, nem asno, será ela, por isso, em menor grau, um dos animais... mais úteis?" (*Dramaturgia de Hamburgo*, capítulo 48; ver para este assunto *Lessing*, série "Pensamento Estético", Ed. Herder, São Paulo, 1964).

b) O pré-romantismo

Que o gênio não precisa se ater a regras e à pureza dos gêneros, essa tese de Lessing exerceu enorme influência sobre a teoria e a dramaturgia do pré-romantismo e romantismo posteriores. Ainda neste caso o grande modelo será Shakespeare. A expansão irracional dos impulsos elementares e o individualismo rebelde dos jovens "gênios" do pré-romantismo, profundamente influenciados por J.-J. Rousseau, não admitiriam em qualquer hipótese as cadeias das regras e unidades. Um movimento que lutava sobretudo contra as normas convencionais da sociedade absolutista não iria se submeter às normas da poética clássica.

Foi particularmente J. G. Herder (1744-1803) que, influenciado por Giambattista Vico, acentuou a singularidade vegetativa de cada povo, diversificado aos outros pela etnia, pelo espaço geográfico e pela história. Não se poderia admitir por isso a imposição de leis e cânones eternos e universais. Num ensaio sobre Shakespeare (Ver *O Pré-Romantismo Alemão*, da série "Pensamento Estético", Ed. Herder, São Paulo, 1964) expõe que a obra de arte é fruto natural de condições histórico-sociais que lhe determinam o caráter fundamental. Assim, as três unidades longe de serem resultado de raciocínios estéticos, decorrem das condições em que o teatro grego surgiu. A estrutura diversa da obra de Shakespeare é, por sua vez, resultado de condições inteiramente diversas. O tratamento livre de espaço e tempo faz parte da unidade orgânica da sua obra. O tempo e o espaço cênicos nada têm a ver com o tempo e o espaço empíricos da plateia. Precisamente a verdade dos eventos exige também que lugar e tempo acompanhem a ação, "como cascas em torno do caroço". Só assim se estabelece a ilusão perfeita. "Ao pensar e revolver na cabeça os eventos do seu drama, como se revolvem concomitantemente lugares e tempos!" Ademais, defrontando-se com um caráter nacional complexo e variegadas camadas sociais, Shakespeare não poderia adotar a simplicidade grega. "Ele tomou a história como a encontrou e compôs com espírito criador as coisas mais divergentes num todo milagroso..." (Ver o ensaio *Shakespeare* da obra citada).

O que Herder exige é espírito local e histórico, enfim a *cor local* que iria tornar-se uma das exigências fundamentais do romantismo, ainda salientada por V. Hugo no *Prefácio a Cromwell* (1827). Os personagens devem ser integrados no seu ambiente natural e histórico; tese que se dirige contra a estilização do drama clássico em que personagens ideais se movem em espaços e tempos cênicos quase abstratos, altamente depurados de quaisquer elementos individualizadores. A insistência na cor local foi, sem dúvida, um dos fatores que contribuíram para "abrir" o drama a um mundo mais largo e múltiplo e para suscitar a produção de peças de certo cunho épico, que não obedecem à simetria arquitetônica do classicismo, tendendo, ao contrário, à sequência de cenas soltas, situadas em muitos lugares e tempos. O desejo de concretizar e individualizar os personagens, colocando-os no seu ambiente de viva cor local e conduzindo-os através de um mundo variegado, fez dos românticos predecessores do realismo e do naturalismo. Para isso contribuiu também a tendência romântica de realçar o *característico*, em detrimento do *típico*.

c) *Dramaturgia pré-romântica*

Na história do teatro épico, e particularmente do teatro épico moderno, ocupa lugar de destaque a peça *Goetz von Berlichingen* (1773), do jovem Goethe (1749-1832). Revolucionária pela sua prosa forte e saborosa, a obra é constituída por uma sequência livre de cenas que abarcam todas as camadas sociais e reproduzem a atmosfera histórica do século XVI. Já o número de personagens de certa importância – cerca de vinte – para não falar dos inúmeros figurantes, da ambientação de cenas em plena natureza, da inserção de quadros com acampamentos militares, etc., contradiz todas as regras do estilo clássico e mostra o forte cunho shakespeariano. As unidades naturalmente não são observadas e nisso Goethe chega a superar a maioria das obras de Shakespeare. O medievalismo da peça cheia de heróis titânicos, assim como a destruição do gênio pela mediocridade que o cerca, tornaram-se inspiração de gerações de românticos. A semelhante tipo de peças pertencem também *Os Bandoleiros* (1781) do jovem Schiller (1759-1805). Ao mesmo grupo filia-se, ainda, M. R. Lenz (1751-1792) que levou a estrutura aberta de *Goetz* ao extremo, através do "drama de farrapos" (assim chamado por causa da sequência de cenas breves e soltas). Sua obra dramática é de interesse particularmente pela revolta contra a cena à italiana tradicional, ou seja, contra o palco ilusionista. Seu teatro iria influir profundamente no de G. Buechner. Muitos autores do expressionismo, entre eles o jovem Brecht, foram inspirados por ele.

Uma das maiores obras da literatura alemã, o *Fausto*, de Goethe, tem suas raízes nesta fase pré-romântica. Com efeito, embora só terminada em 1831, Goethe a concebeu em 1770. Já distanciado do seu romantismo juvenil, lutou durante décadas com o imenso *sujet*, quase renunciando ao seu acabamento por não lhe poder impor a unidade que, na sua fase clássica, se lhe afigurava de novo importante (Ver I, 3, e). Esse poema dramático assemelha-se na sua versão final em duas partes quase a um mistério medieval, também no que se refere a seu cunho épico. Todo o drama de Fausto é emoldurado por uma visão cósmica em cuja amplitude o protagonista se encontra integrado. No início, no "Prólogo no Céu", Deus e Mefisto – o espírito negativo – fazem uma aposta pela alma de Fausto, ambos certos de que acabarão por arrebatá-la. O fim, por sua vez, desenrola-se de novo nas alturas celestes, quando Fausto, salvo das mãos de Mefisto, é elevado à eternidade, enquanto os anjos cantam: quem sempre se esforça, impelido por eterna aspiração, a este podemos salvar. Semelhante a certas peças de Claudel, todo o drama de Fausto, todas as estações de sua vida desenvolvem-se, portanto, dentro da moldura deste mistério religioso que, embora revestido de feições cristãs, não se define no sentido de qualquer religião positiva. O cristianismo é, dentro deste drama verdadeiramente universal, apenas um elemento entre outros.

d) O romantismo

O sentimento de vida dos românticos alemães e, em seguida, do romantismo universal estava determinado pela experiência dolorosa da fragmentação: como intelectuais requintados sentiam-se "alienados" (o termo surgiu entre eles) da natureza e como que despedaçados entre os polos do intelecto e do instinto, do subjetivismo individual e da integração no coletivo, da civilização e da inocência primitiva. Justamente por serem intelectuais requintados aspiravam à simplicidade elementar (daí o exotismo e indianismo), e justamente por se sentirem intimamente dissociados, ansiavam por épocas que se lhes afiguravam sintéticas e integrais (daí o medievalismo). O indivíduo romântico sente-se aniquilado pelas limitações que a sociedade lhe impõe. Daí o "Weltschmerz" (dor do mundo, o famoso "byronismo"), verdadeiro "mal do século". Os românticos atribuíam ao racionalismo e à civilização as divisões e separações que infelicitam o homem e que lhe negam a unidade e harmonia. Caberia à poesia abolir, no seu próprio domínio, todos os compartimentes estanques que lhe fragmentam a integridade. "A poesia romântica é uma poesia universal progressiva. Sua destinação não é apenas a de reunir de novo todos os gêneros separados da poesia e de pôr a poesia em contato com a filosofia e a retórica. Deverá também misturar ou fundir poesia e prosa, genialidade e crítica, poesia artística e poesia popular (natural)... Só ela é infinita, como também livre, reconhecendo como primeiro princípio que a arbitrariedade do poeta não admite nenhuma lei que se lhe imponha" (Friedrich Schlegel, *116º Fragmento*, publicado no periódico "Athenaeum", 1798-1800).

Contudo, o romantismo alemão não produziu obras dramáticas comparáveis às do pré-romantismo, nem às de Manzoni ou do romantismo francês. Merece ao menos ser mencionada a dramaturgia de Ludwig Tieck (1773-1853) – p. ex. O *Gato de Botas* (1797) – por causa da arbitrariedade com que o autor cria e destrói a ilusão, dando vazão a um espírito lúdico que não admite nenhuma restrição por parte do senso comum e da verossimilhança. Tieck, bem de acordo com o manifesto de Schlegel, confunde todos os gêneros e brinca com as próprias convenções do teatro. Os personagens conversam com o público, as paredes do cenário imitam as mesuras dos atores que se inclinam diante da plateia e a sátira e a paródia realizam verdadeiras cambalhotas circenses. Em tudo Tieck revela o desprezo romântico pela "obra", cujo acabamento perfeito é posto de lado em favor da autoexpressão do poeta.

Foi ainda a influência de Shakespeare que levou Alessandro Manzoni (1785-1873) à tragédia romântica. *Il Conte di Carmagnola* (1820) e *Adelchi* (1822) são dramas históricos de amplo alento épico. Ambas as peças introduzem coros lírico-épicos.

e) O teatro romântico francês

Entretanto, a grande batalha contra os cânones clássicos travou-se em França. Embora a vitória fosse de duração breve, ela teve influência profunda sobre a dramaturgia universal moderna. Através da mediação de Madame de Staël, as tendências fundamentais do romantismo alemão foram transmitidas à França, há muito preparada por desenvolvimentos próprios a receber o germe da rebeldia. Essa disposição tornou possível o imenso êxito de uma companhia inglesa que, em 1827-1828 apresentou Shakespeare em Paris. O entusiasmo de Victor Hugo (1802-1885) foi tamanho que chamou Shakespeare "o maior criador depois de Deus". No seu prefácio a *Cromwell* iria exclamar: "Em nome da verdade, todas as regras são abolidas, sendo o artista senhor de escolher as convenções que lhe aprouverem, a começar pela linguagem que poderá ser prosa ou verso/" Alfred de Vigny (1797-1863) acompanha esta proclamação: "Nada de unidades, nada de distinções entre os gêneros, nada de estilo nobre."

A famosa batalha travou-se em 1830, quando a peça *Hernani* (Hugo), por assim dizer em face de *tout Paris*, isto é, da França e do mundo, foi "imposta" pela falange da juventude contra os defensores do gral tradicional. Essa vitória de um peça "irregular" segundo os cânones clássicos – ópera antes de Verdi fazer dela ópera – só pode ser plenamente apreciada tomando-se em conta o enorme peso conservador do classicismo em França. A verdade é que Shakespeare era conhecido no continente desde os inícios do século XVII. Mas só nos meados do século seguinte, cerca de vinte anos antes de Wieland apresentar as primeiras traduções razoáveis na Alemanha, saíram dez peças de Shakespeare numa versão francesa ao menos sofrível. De la Place, o tradutor, chegou mesmo a combater as regras, mas sem repercussão nenhuma – a não ser na Alemanha. Em 1792, numa fase em que os franceses se deveriam ter acostumado a certos excessos pouco decorosos, o público gritou de pavor, quando Desdêmona foi assassinada em pleno palco por Otelo, e muitas das senhoras presentes desmaiaram. Ainda em 1827, a tradução da mesma tragédia shakespeariana (por A. de Vigny) fracassou, ao que se diz porque o tradutor ousara empregar a palavra *mouchoir* (lenço) que destoava do vocabulário clássico. Só diante desse pano de fundo entende-se a importância da vitória romântica, ainda assim só parcial e de curta duração, já que as formas mais regulares e rigorosas do drama se mantinham ao mesmo tempo e logo se impuseram com renovada força.

O prefácio de *Cromwell* é de relevância duradoura e continua ainda hoje atual. Ao lado do combate às regras e da exaltação de Shakespeare é de importância o realce dado à categoria do grotesco. O dramaturgo inglês é para Hugo o mestre que soube fundir e plasmar "num só alento o grotesco e o sublime, o horrendo e o cômico, a tragédia e a comédia." O drama deve ser realista e "a realidade surge da combinação... de dois tipos: o grotesco e o sublime que se entrelaçam no drama, da mesma forma como na própria vida e na criação..." A verdadeira poesia reside na harmonia dos opostos. A antiguidade não poderia ter concebido o tema popular de *La Belle et la Bete* (A Bela e a Fera); só Shakespeare teria conseguido unir o antagônico, particularmente o terrível e o burlesco. As feiticeiras de Shakespeare seriam bem mais horríveis que as eumênides gregas.

Não é preciso salientar o impacto violentamente anticlássico que se anuncia nesta teoria do grotesco, da fusão do trágico e do cômico, verdadeira justificação estética do feio e do disforme. Tais ideias não só iriam ter amplo futuro na vanguarda teatral, de Jarry a Ionesco – toda ela antiaristotélica –, mas manifestam-se também no expressionismo, inspirado nas próprias fontes pré-românticas da literatura alemã. Semelhantes concepções iriam influir ainda no teatro épico de Claudel e Brecht, particularmente com o fito de suspender a ilusão e apoiar o teor didático. Pois o grotesco tende a criar "efeitos de distanciamento", tornando estranho o que nos parece familiar.

f) Shakespeare

A enorme influência de Shakespeare sobre o drama romântico, em especial sobre os impulsos épicos dessa dramaturgia, tornou-se patente nesta ligeira abordagem histórica. Seria, no entanto, pouco preciso chamar a sua obra de épica. Há, sem dúvida, fortes *traços* épicos, particularmente nas suas peças históricas, ao todo dez, sobretudo em torno dos reis Richard e Henry, cujo conjunto, em forma de crônica, é uma verdadeira "Ilíada do povo inglês". Algumas dessas peças, além de apresentarem introduções e comentários narrativos, levam o parcelamento das cenas a extremos semelhantes àqueles que se encontram nas obras de Lenz e Buechner ou numa das mais belas peças românticas, *Lorenzaccio* (1834), de Alfred de Musset (1810-57). Em geral, porém, o autor de *Macbeth* mantém-se equidistante tanto de um teatro rigoroso como do teatro épico à maneira do medieval, claudeliano ou brechtiano.

Os traços frequentemente épicos da obra shakespeariana são, em geral, contrabalançados pela unidade da ação que se impõe aos elementos episódicos. As peças têm início, meio e fim. A sua dramaturgia apresenta, sem dúvida, um mundo bem mais amplo e variegado do que a rigorosa. Suas peças são "abertas", em certa medida antiaristotélicas. Mas nem toda a dramaturgia aberta é acentuadamente épica. Assim o teatro de vanguarda francês é antiaristotélico e é impregnado de traços épicos, sem que, contudo, se possa falar em geral de um "teatro épico".

O caráter aberto do drama shakespeariano acentua-se pela importância que a natureza desempenha na sua obra, assim como os elementos que transcendem o domínio puramente humano – p. ex. o espectro de *Hamlet* ou as feiticeiras de *Macbeth*, para não falar das peças em que o elemento mágico-maravilhoso faz parte do contexto total. Esses momentos participam poderosamente da ação e não têm apenas sentido metafórico, como ocorre em geral no drama fechado. Na obra de Racine, o mar é mencionado porque as suas ondas se inclinam perante o poder do herói, o sol e as estrelas servem apenas de metáforas para realçar a majestade humana ou a beleza de uma rainha. Mesmo quando em *Fedra* Hipólito é arrastado à morte, vítima de Netuno que envia um monstro do mar assustando os cavalos atrelados ao seu carro de batalha, Racine cuida de apresentar motivos puramente psicológicos: Hipólito negligenciou os exercícios e os seus cavalos não o conhecem mais.

Também o aparecimento de várias camadas sociais contribui para dar a muitas obras de Shakespeare um cunho aberto, ainda acentuado pela multiplicidade dos lugares e a extensão temporal. Mas o princípio fundamental da Dramática – a atualidade dialógica, a objetividade e a posição absoluta do seu mundo que raramente é relativizado por algum foco narrativo a partir do qual se projetem os eventos e ações – justifica considerar a obra de Shakespeare como exemplo de uma Dramática de traços épicos, sem que se possa falar de uma dramaturgia e muito menos de um teatro épicos.

O palco shakespeariano, que avança para dentro do público, cercado por este de três lados, cria acentuada proximidade entre atores e espectadores. Isso decerto não favorece a ilusão a que aspira em geral o teatro rigoroso. Contudo, a fábula das peças shakespearianas desenvolve-se com poderosa necessidade e motivação internas, apesar da frequente descontinuidade das cenas e da ruptura da ilusão por elementos cômico-burlescos. Esse rigor do desenvolvimento interno corresponde a um teatro ilusionista. Nisso Lessing tem razão, ao considerar Shakespeare superior aos clássicos franceses na criação de uma atmosfera intensamente emocional e na obtenção do efeito catártico exigido por Aristóteles.

PARTE III:
A ASSIMILAÇÃO DA TEMÁTICA NARRATIVA

8. GEORGE BUECHNER

a) Observações gerais

Quase todo o século XIX – excetuando-se o breve interlúdio romântico – é dominado pelo que se convencionou chamar de "peça bem feita", adaptação superficial aos padrões rigorosos da tragédia clássica. Os princípios aristotélicos dominam também na teoria. Isso vale particularmente para os países latinos, onde a tradição clássica nunca deixou de exercer influência. Não se aplica na mesma medida à Inglaterra e aos países germânicos, onde o classicismo teve, na prática literária, menor penetração. Talvez seja essa a razão por que a dramaturgia nórdica se abriu com mais facilidade a uma nova temática que forçosamente tendia a dissolver a estrutura rigorosa. É característico que até hoje a participação francesa na "vanguarda francesa" seja relativamente pequena.

b) A experiência do vazio

Simplificando a complexa situação alemã por volta de 1830, pode-se dizer talvez que a experiência fundamental de Buechner (1813-1837) foi a da derrocada dos valores idealistas da época anterior, ante o surgir da concepção materialista, ligada ao rápido desenvolvimento das ciências naturais. Essa experiência se associava ao fracasso dos seus impulsos revolucionários de socialista radical. A derrocada dos ideais e esperanças suscitou no jovem escritor uma sensação de vazio. O mundo se lhe afigurava sem sentido, absurdo; o advento das novas concepções que pareciam despir o homem da sua liberdade e dignidade, encarando-o como joguete das forças históricas e de determinações naturais, somente poderia reforçar a visão niilista de Buechner.

A experiência de um mundo vazio e absurdo leva muitas vezes à redução da imagem do homem que se torna grotesca, particularmente quando é oposta à imagem sublime do herói clássico. Na redução zoológica do homem, na fusão e na dissonância do sublime e do inferior, reside a origem do grotesco na obra de Buechner. Sentindo-se aniquilado pelo "horrendo fatalismo da história" que transforma o homem em títere, faz do automatismo tema fundamental de *Morte de Danton* ("Somos bonecos, puxados pelo fio por poderes desconhecidos"), assim como da comédia *Léonce e Lena* e sobretudo de *Woyzeck* (1836). Ao assassinar a amante infiel, Woyzeck o faz como um autômato, movido por uma força anônima que se manifesta a despeito dele.

c) A experiência da solidão

Um dos aspectos da obra de Buechner que nos toca particularmente como moderno é a solidão de seus personagens. Já não se trata da solidão romântica do gênio, mas da solidão da "massa solitária", concebida como fato humano fundamental num mundo que, tendo deixado de ser um todo significativo de que todos participam, se transforma num caos absurdo em que cada qual permanece forçosamente isolado. Uma das expressões mais pungentes disso é a ironia tétrica do conto de carochinha narrado por uma velha em *Woyzeck*, conto que exprime a essência da peça. Precisamente a estrutura da narração infantil, em geral ligada à visão mágico-maravilhosa de um mundo em que tudo acaba bem, é usada para mostrar que as coisas, longe de significarem mais do que aparentam (como ocorre nos contos de fada), na realidade significam bem menos: por trás da aparência não há uma essência e sim o Nada (a lua é um pedaço de pau podre, o sol uma flor murcha, etc.). E a criança fica no fim, ao voltar à terra (que é uma panela emborcada), "totalmente só. E aí se sentou e chorou e aí ainda está sentada, completamente só."

A solidão, ligada ao sentimento do vazio, rompe a situação dialógica e a sua dramatização leva, quase necessariamente, a soluções lírico-épicas. Com efeito, nas peças de Buechner ela não se revela só tematicamente mas através da frequente dissolução do diálogo em monólogos paralelos, típicos de toda a dramaturgia moderna; revela-se também através da frequente exclamação, como falar puramente expressivo (lírico) que já não visa ao outro, assim como através do canto (lírico) de versos populares que encerram a personagem em sua vida monológica (I, 2, c). O sentimento do vazio é também a razão profunda do tédio que tortura os personagens de Buechner. Esse tema – dos mais constantes da dramaturgia moderna – contraria um dos traços estilísticos fundamentais da Dramática pura, que exige tensão e conflito, e opõe-se principalmente ao diálogo dramático (I, 3, g).

d) O absurdo e o tragicômico

A imagem do homem apresentada por Buechner desqualifica a do herói trágico, que é denunciada como falsa. Surge, talvez pela primeira vez, o herói negativo que não apenas hesita (como Hamlet), mas que em vez de agir é coagido; o indivíduo desamparado, desenganado pela história ou pelo mundo. Bem ao contrário, a tragédia grega "glorificava a liberdade humana, admitindo que os heróis lutassem contra a supremacia do destino... provando pela perda da liberdade precisamente esta liberdade..." (F. W. Schelling (1775-1854), *Obras*, Leipzig, 1914, vol. III, p. 85). Se Danton ainda pode ser interpretado, até certo ponto, como herói trágico, embora já não tenha fé em nenhum valor absoluto pelo qual valesse a pena lutar, a mesma interpretação parece impossível no caso de Woyzeck. Não se pode conceber um herói, em qualquer sentido válido, de quem se salienta o fato de não conseguir dominar o músculo constritor. Essa redução grotesca do clássico herói, imagem da dignidade humana, à sua pobre condição fisiológica é essencialmente tragicômica. A isso corresponde o ritmo agitado, a rigidez, a precipitação excêntrica da pantomima que segue modelos da "Commedia dell'Arte". Semelhante estilo – como a tragicomédia em geral – não só tende a romper a ilusão, mas atribui à pantomima, fenômeno não literário mas profundamente teatral, um papel de grande importância. Na medida em que a pantomima se amplia e se impõe no teatro declamado, surge ela como um elemento contrário à situação dialógica (à semelhança do canto e da música, enquanto não se manifestam na ópera em que são convenção constitutiva e fazem parte da própria forma).

e) A estrutura do teatro de Buechner

Particularmente Woyzeck é exemplo de uma dramaturgia de fortes traços épicos. Verdadeiro "drama de farrapos", é um fragmento que só como fragmento poderia completar-se. Como tal, cumpre sua lei específica de composição pela sucessão descontínua de cenas sem rigoroso encadeamento causal. Cada cena, ao invés de funcionar como elo de uma ação linear, representa um momento em si substancial, que encerra toda a situação dramática ou, melhor, variados aspectos do mesmo tema central – o desamparo do homem num mundo absurdo. A unidade é alcançada não só pelo personagem central, mas também pela atmosfera de angústia e opressão que impregna as cenas, assim como pelo uso de *leitmotiv*: o do sangue e da cor rubra, o da faca e de outros momentos lírico-associativos que criam uma espécie de coerência baladesca.

A desordem do mundo reflete-se no pontilhismo e na sequência solta das cenas, falta de concatenação que se repete nas orações e na forma alógica do discurso. Jean Duvignaud mostrou que a apresentação de *Woyzeck* exige qualquer tipo de palco simultâneo, talvez à maneira medieval, não podendo ser enquadrada na cena à italiana que produz uma profundeza e unidade perspectívicas correspondentes à profunda transparência psicológica do teatro clássico. Os dramaturgos da escola clássica exigem da psicologia o que Buechner exige da encenação imaginária. É que Buechner impõe a seus heróis um movimento cuja origem não se encontra 'na sua alma' e sim no mundo" (*Buechner*, Ed. L'Arche, Paris, 1954, p. 119).

O movimento que não parte do íntimo pessoal (pois talvez haja também um íntimo impessoal, anônimo, inconsciente) do indivíduo não pode ser traduzido pela palavra ou pelo diálogo; exige recursos visuais para mediar o amplo movimento exterior, executado pela rápida sucessão de afrescos que apresentam recortes variados do mundo social, da natureza, do universo infra ou meta-humano (elementos quase inteiramente eliminados do drama fechado, ao menos enquanto presença palpável). Esse movimento é intensificado pela pantomima expressiva que preenche fisicamente os vãos deixados pelo discurso falho. A rápida sucessão de afrescos, a consequente eliminação da perspectiva profunda da psicologia e da cena à italiana criam uma nova concepção do espaço cênico, espécie de perspectiva com vários pontos de fuga. O que resulta é uma composição mais plana, quase de painel; o personagem não se ergue no espaço, livre e destacado do fundo, dialogando lucidamente em versos simétricos, mas agita-se e se contorce e se debate, enredado no labirinto do mundo, sem ter a distância necessária face aos homens e às coisas – das quais o títere mal se emancipou – para superar o balbuciar tosco que se prolonga no desespero mudo da pantomima.

9. IBSEN E O TEMPO PASSADO

a) Inícios épicos

Geralmente não se realçam as fortes tendências épicas da primeira fase de H. Ibsen (1828-1906), visíveis em peças como p. ex. *Os Heróis em Helgeland* (1857), *Os Pretendentes ao Trono* (1864) e *Brand* (1866). Essas tendências acentuam-se em *Peer Gynt* (1867) – "poema dramático" como *Brand*. A ação de *Peer Gynt* inicia-se no começo do século XIX, termina na década de 1860 e desenrola-se na Noruega, nas costas do Marrocos, no deserto do Saara, em pleno mar, etc. É forte o elemento extra-humano que intervém: feitiços, magias, duendes, anões, etc. Com efeito, Ibsen pensava de início escrever não uma peça e sim uma epopeia – o que também se refere a *Brand*. Mas se nesta peça o conflito ainda tem forte cunho dramático (no sentido estilístico), em *Peer Gynt* defrontamo-nos com uma sequência de quadros estáticos ou de eventos variados, enfim de episódios ou "estações" que ilustram a vida do protagonista. Música e danças completam o teor épico da peça.

O cunho mais dramático de *Brand* decorre do próprio caráter do herói. Brand é um homem voluntarioso que luta por valores elevados e é, em todos os sentidos, um verdadeiro herói dramático, ao passo que Peer é um homem inconstante, sem vontade própria, um fantasista inconsequente, sem ideal objetivo, joguete das situações; personagem que desde logo não se presta para ser herói de um drama rigoroso, já que de sua atitude não pode decorrer nenhum conflito profundo entre protagonista e antagonista. Depois de uma vida de prazeres e desilusões, Peer acaba aprendendo que lhe falta identidade íntima e que se assemelha a uma cebola da qual se pode tirar casca por casca sem que surja o caroço. No fim pede que se lhe escreva sobre o túmulo "Aqui repousa Ninguém".

b) *Dramaturgia rigorosa e tema épico*

No entanto, a fama universal de Ibsen baseia-se nas "peças burguesas" ou sociais da próxima fase que se inicia com *Os Pilares da Sociedade* (1877) e *Nora* (1879) (Casa de Boneca), obras de crítica e desmascaramento da sociedade burguesa. Estas peças tendem à estrutura rigorosa e os traços épicos são quase por completo eliminados. A ação é comprimida e de uma unidade absoluta. O mesmo ocorre nos *Espectros* (1881), drama cujo tempo chega a não ultrapassar as famosas 24 horas. De semelhante rigor é *John Gabriel Bokman* (1896) que se passa numa noite de inverno em uma casa rural. Também as outras peças desta série apresentam encadeamento rigoroso, cuidadosa motivação, verossimilhança máxima e são construídas segundo um esquema de exposição, peripécia, clímax e desenlace. Mas são precisamente estas obras de rigor clássico que revelam uma verdadeira crise da Dramática pura, devido à temática de várias dessas peças que é essencialmente épica. O fato é que a ação decisiva delas não se desenrola na atualidade, única dimensão temporal acessível à Dramática pura, e sim no passado. Trata-se de peças de recordação; os personagens principais vivem quase totalmente no passado, como que fechados na intimidade lembrada que os isola dos outros personagens. Só graças a um golpe de força se torna possível o diálogo inter-humano que deverá revelar este passado imenso que pesa sobre as suas vidas. Nisso se manifesta a arte de Ibsen que consegue com maestria encobrir o tema épico pela estrutura dramática, através de uma ação acessória que se desenvolve na breve atualidade de um ou dois dias. Mas esta ação atual, dramática, não disfarça o fato de que os eventos fundamentais são do passado e que a evocação dialogada do acontecido, por mais magistral que seja e por mais que atualize os vários eventos do passado, não consegue captar em termos cênicos o próprio tempo, a nuvem do passado como tal que sufoca a vida desses personagens. O tempo tornado tema é essencialmente do domínio épico e foi realmente um dos grandes temas do romance burguês, desde *A Educação Sentimental* (Flaubert) e *À Procura do Tempo Perdido* (Proust) até *A Montanha Mágica* (T. Mann). É somente "a desorientação completa da literatura moderna que propôs a tarefa impossível de representar dramaticamente desenvolvimentos, decursos temporais paulatinos" (Georg Lukács, *Die Théorie des Romans* – Teoria do Romance –, obra escrita em 1914/15, nova edição Ed. Luchterhand, Neuwied, 1963, p. 125). Essa opinião, todavia, somente tem validade no tocante ao drama rigoroso.

c) O drama analítico

A compressão de um vasto passado nas poucas horas de um presente dramático é típica da peça analítica em que a ação nada é senão a própria análise dos personagens e de sua situação. Desta forma, a parte inicial em que o público é posto a par da situação dos personagens e dos eventos anteriores, isto é, a exposição, passa a ser a ação essencial da peça. Assim, um material complexo pode ser revelado no decurso de um diálogo dramático conciso, observando-se unidade completa de ação, tempo, lugar, etc. O exemplo clássico do drama analítico é *Édipo Rei*, de Sófocles, peça em que o passado do herói, o fato de ele ter assassinado o pai e casado com a mãe, e revelado em poucas horas, sendo que essa revelação do passado é quase toda a ação da tragédia. Uma vez que esta obra é considerada uma das realizações máximas da dramaturgia universal e *Os Espectros* se aproximam na perfeição analítica desse modelo – a peça foi muitas vezes comparada ao *Édipo* – dever-se-ia supor que o tempo passado é tema dos mais adequados ao drama rigoroso. Com efeito, como *Édipo*, a obra de Ibsen é, quase toda ela, uma longa exposição do passado, comprimida em 24 horas e num só lugar.

d) Os Espectros

A ação atual apresenta-nos a Sra. Alving, cujo filho Osvaldo acaba de voltar de Paris, com uma doença que, como se revela, lhe afeta o cérebro. Deverá ser inaugurado um Lar de Crianças, construído com o dinheiro deixado pelo marido da Sra. Alving, há muito falecido. Este Lar é destruído por um incêndio e o filho enlouquece no fim, depois de se ter rapidamente enamorado da empregada da casa, filha ilegítima do pai falecido. Não se pode negar que Ibsen reuniu uma quantidade quase incrível de acontecimentos "dramáticos" em tão breve espaço de tempo. Mas toda essa ação formidável tem apenas a função de revelar o passado da personagem principal, Sra. Alving: o terrível matrimônio "burguês" com o marido libertino, o seu amor ao pastor Manders que a repeliu (receoso das convenções burguesas), a lenta sufocação da sua vida pelos "espectros" da convenção, pela pressão do ambiente e pela estreiteza da cidade; a construção mentirosa de uma imagem ideal do pai perverso, para iludir o filho, propositadamente afastado. Todo esse passado é evocado por um diálogo elaborado com imensa arte, mas que muitas vezes não consegue encobrir as dificuldades com que Ibsen lutou para, com relativa naturalidade, proporcionar ao "tempo perdido" um mínimo de atualidade cênica.

Entretanto, os "espectros" manifestam-se não só através das convenções evocadas, mas em plena atualidade, através da herança biológica que se manifesta na terrível doença de Osvaldo, vítima atual do passado devasso de pai. Mas ainda essa doença e a própria libertinagem do pai são apenas mais um motivo para revelar ou desmascarar a culpa fundamental da própria Sra. Alving que, devido aos preconceitos puritanos, não conseguiu, num passado remoto, dar ao marido a felicidade matrimonial que lhe teria possibilitado uma vida normal e sadia.

Portanto, verifica-se que toda a ação atual nada mais é que ocasião para revelar *ao público* o passado íntimo e privado da personagem principal (Sra. Alving), largamente conhecido por ela mesma. Em *Édipo* verifica-se precisamente o contrário: o passado – o mito – é conhecido do público e não lhe precisa ser revelado; ele é do domínio geral da posteridade reunida no teatro ateniense. O passado é revelado à personagem central, ao próprio Édipo, que dele nada sabia. Desta forma, em *Édipo* o passado é transformado em atualidade. Édipo, nada sabendo, é atingido em cheio pela revelação do seu passado; o drama é plena presença atual. O passado é função da atualidade, ao passo que em Ibsen a atualidade é função do passado. Este não chega a ser plenamente atualizado, visto a personagem central o conhecer em essência, não sofrendo o choque e a tortura do descobrimento. O tema de *Édipo* não é realmente o tempo passado como tal, mas a terrível descoberta pela ação atual do herói. A sua própria ação o destrói; a verdade revelada é atual, Édipo é de fato "a ferida do país", ferida que precisa ser eliminada para libertar a cidade da peste. Ele é e continua realmente o assassino do pai e o marido da mãe. Osvaldo, ao contrário, é apenas a vítima de um passado que, como tal, é o tema central da peça. E não é apenas este ou aquele evento passado que é tema e sim o peso petrificado do tempo, como decurso que deprava, lentamente, as vidas. O tema é toda a vida malograda. Este tema é essencialmente épico (Ver a análise de Peter Szondi, *Théorie des modernen Dramas* – Teoria do drama moderno –, Ed. Suhrkamp, Frankfurt, 1956, p. 18-27).

e) A memória

Nesta dramaturgia de forma rigorosa, embora de conteúdo épico, é de importância constatar o tema da recordação. A memória encerra o indivíduo na sua própria subjetividade, isola-o e suspende a situação dialógica, básica para o drama rigoroso. Ademais, o sujeito atual tende a objetivar o sujeito passado, estabelecendo-se, deste modo, a típica oposição sujeito-objeto da Épica (I, 2, c). Isso acontece na obra de Ibsen, mas de modo algum em *Édipo*. A preponderância da memória de qualquer modo suscita um processo de subjetivação. Verifica-se, pois, que já em Ibsen se encontram os germes de um processo que iria pôr em questão a própria possibilidade do diálogo inter-humano.

10. NATURALISMO E IMPRESSIONISMO

a) O naturalismo e a Dramática pura

O naturalismo de que Ibsen é um dos maiores expoentes parece, pela sua própria concepção do homem, pouco adequado a uma dramaturgia de rigor aristotélico. Influenciado pelas ciências biológicas e sociais, concebe o homem como ser determinado por fatores hereditários e pelo ambiente. Com efeito, são esses os fatores determinantes em *Espectros*. É a própria estrutura rigorosa das suas peças sociais que o impede de apresentar em termos cênicos as forças sociais. Sugere-as apenas mediante o efeito delas sobre os personagens. Estes agem e reagem, alguns deles vigorosamente, o que imprime às peças ibsenianas, também no que se refere aos traços estilísticos, caráter dramático. Mas precisamente isso contradiz a própria teoria naturalista, segundo a qual o homem é um ser determinado por fatores anônimos.

No fundo, o drama rigoroso não se ajusta à tentativa básica do naturalismo de pôr no palco a realidade tal qual ela se nos dá empiricamente. Esse empenho não permite a estilização e a seleção severas da tragédia clássica. A vida como tal não tem unidade, os eventos normais não se deixam captar numa ação que tem começo, meio e fim. Na medida em que desejam apresentar no palco apenas um recorte da vida, os autores naturalistas são quase forçados a "desdramatizar" as suas peças para tornar visível o fluir cinzento da existência cotidiana.

b) O cotidiano de Tchékhov

Tal tendência se nota realmente na obra de A. P. Tchékhov (1860-1904), que nem por isso ou precisamente por isso é um dos mais importantes dramaturgos dos fins do século passado. Sua influência sobre o teatro contemporâneo é incalculável. O cunho épico da sua dramaturgia foi cedo reconhecido pelo Comitê de Leitura dos Teatros Imperiais da Rússia czarista que lhe recusou uma das peças com o comentário de que se tratava de uma "narração dramática" e não de um drama. O Comitê realça o "cotidiano anticênico" e critica a "sequência de cenas isoladas", assim como o acúmulo de "detalhes inúteis" (Nina Gourfinkel, em: *Revue d'Histoire du Théâtre*, Paris, IV, 1954, p. 256).

Um dos grandes problemas do naturalismo foi o de desencadear acontecimentos dramáticos num ambiente de estagnação e modorra – ambiente típico das intenções naturalistas. Ibsen resolve o problema frequentemente pela chegada de algum personagem exterior a este ambiente (p. ex. Osvaldo em *Os Espectros*) ou algum outro acontecimento excepcional que precipita a ação dramática. Também G. Hauptmann recorre a este estratagema. Presos a uma dramaturgia tradicional; apesar da temática que já a ultrapassa, nutrem a ideia de que drama significa antes de tudo "conflito" (o que realmente é traço estilístico importante da dramaturgia rigorosa). Tchékhov, em vez de dar a tais dificuldades uma solução semelhante, faz desse problema formal o próprio tema de suas peças: o "drama" passa a consistir precisamente na falta de acontecimentos. Com isso, Tchékhov levou o naturalismo às suas últimas consequências e à sua auto superação num impressionismo em que todos os contornos se esgarçam na riqueza das nuanças. Na vida, disse, "a gente come, bebe, faz a corte, diz asneiras. É isso que se deve ver no palco." Destarte pretende escrever uma peça em que os personagens "chegam, vão embora, almoçam, falam da chuva e do bom tempo, jogam baralho – e tudo isso não pela vontade do autor, mas porque é assim que isso se passa na vida verdadeira" (cit. por Sophie Lafitte, *Anton Tchékhov*, Ed. Rowohlt, Hamburgo, 1960, p. 84). É realmente com imenso cuidado que Tchékhov desdramatiza as suas peças, pois que é na inação e não na ação que consiste o "drama" dos seus protagonistas, heróis negativos, anti-heróis de que logo, de Kafka a Beckett, se encherá a literatura narrativa e teatral. É lógico que em tais peças paradas não pode haver "curva dramática" e muito menos podem surgir neste mundo os grandes conflitos que suscitam o trágico. Faltam às peças de Tchékhov muitos traços estilísticos dramáticos e tal ausência decorre do próprio tema do cotidiano. Ademais, não pode haver conflitos profundos onde não há fé – qualquer fé – que possa ser mola de ação. Os seus personagens se degradam porque lhes falta uma "ideia central", um "foguinho à distância" (*Tio Vânia*), As classes superiores, neste mundo da província russa dos fins do século passado, não vislumbram mais nenhum valor capaz de levar ao empenho. O homem já não se confronta com nenhuma tarefa significativa. Nenhum raio celeste o fulmina, nenhum demônio o despedaça – a não ser o do tédio, secundo Schopenhauer "o permanente demônio doméstico aos medíocres". Mas esse demônio não atua por via de intervenções fulminantes. Os personagens de Tchékhov decaem, decompõem-se lentamente. Envolve-os um profundo desalento. Inertes e apáticos, vivem entregues àquela melancolia que Kierkegaard chamou de mãe de todos os pecados – o pecado de não querer profunda e autenticamente; e isso se refere mesmo àqueles personagens que trabalham febrilmente. Não acreditam no sentido deste trabalho; daí a imensa fadiga que este lhes causa.

c) *O tédio dialogado*

Apresentar personagens imersos no deserto do tédio – esse *taedium vitae* em que a existência se revela como o vácuo do Nada – personagens que vivem no passado saudoso ou no futuro sonhado, mas nunca na atualidade do presente, talvez seja o tema mais épico e menos dramático que existe (Ver III, 9, b, c, d). O drama rigoroso instaura seu tempo tenso através de transformações suscitadas pela dialética do diálogo, este por sua vez expressão e mola da ação. Cada sentença é prenhe de futuro, através do jogo de réplicas e tréplicas. O que se nota são as transformações, não o decurso do tempo condicionado por elas. Todavia, quando não há transformações, mas apenas a monotonia cinzenta do tédio, é o próprio tempo vazio que passa a ser focalizado e no mesmo momento o tempo se coagula. Para representar este tempo, que já não é apenas condição despercebida dos eventos e sim tema central, Tchékhov tinha de modificar o diálogo, dando-lhe função diversa. Ele já não é instrumento da comunicação antitética e expressão da ação inter-humana suscitando transformações. Já quase não tem função apelativa, traço estilístico importante do diálogo dramático, visto nele se tratar da atuação e do influxo de um personagem sobre outro, da necessidade de impor-se ao antagonista (I, 3, g). Ao invés disso, o diálogo passa a ter função sobretudo expressiva, ou seja lírica (o que representa na estrutura dramática função retardante, épica). Debaixo da troca superficial de comunicações revelam-se estados emocionais, aquela "corrente submarina" de que fala Stanislavski. O diálogo é eivado de entrelinhas expressivas e passa a compor-se em larga medida de monólogos paralelos, cada personagem falando de si sem dirigir-se propriamente ao outro. É uma espécie de cantarolar que suspende a situação dialógica (I, 2, c). Desta forma o tédio, o lento passar do tempo, não é apenas representado por recursos óbvios – os relógios, o constante bocejar, a sonolência e o torpor dos personagens, o demorado esquentar do samovar, a longa espera do chá e seu lento esfriar. É o próprio diálogo que participa do retardamento do tempo. Em vez de produzir transformações pela dialética comunicativa, isola os personagens, exprimindo essa paralisia da alma, já por si evidente em seres que não vivem em interação atual, mas que se escondem na "concha" das suas vivências subjetivas, ligadas ao passado relembrado ou ao futuro utópico. Nada mais característico a esse respeito que o "diálogo" entre Andrei e Ferrapont, o contínuo surdo (*Três Irmãs*). Com efeito, Andrei só fala porque o outro não o entende: "Acho que não lhe diria nada se você ouvisse bem".

d) O esvaziamento do diálogo

Outro recurso é o esvaziamento do diálogo (antecipando Ionesco e Beckett), o seu esgotar-se em rodeios, "conversa mole" e "detalhes inúteis", o seu girar em círculo, ondular chocho e difuso, de repetição a repetição, entremeado daquelas características exclamações de "não importa", "tanto faz", "é tudo a mesma coisa", que demonstram a ausência de valores significativos, capazes de estimular o "querer profundo e autêntico". Aí se enquadram também os longos e numerosos silêncios, caprichosamente acentuados por Stanislavski nas suas famosas encenações. Além de darem ressonância ao "murmúrio das almas", abrem um hiato ao bocejo quase audível do tempo oco e da "má eternidade", sem conteúdo.

e) A falta de ação posta em ação

Tchékhov talvez seja o exemplo mais perfeito de um dramaturgo, cujas peças, embora conservem basicamente a estrutura da Dramática, contêm, todavia, forte teor de traços estilísticos lírico-épicos, única maneira de resolver os problemas propostos pela temática da sua obra. Ibsen é bem mais rigoroso; além de conservar a estrutura da Dramática chega a acentuar os traços estilísticos dramáticos. É nas peças burguesas "dramaturgo dramático" quase puro. Mas a sua *temática* já tem forte teor épico e a imposição da estrutura rigorosa não só prejudica a temática, mas produz também certo artificialismo formal, embora muito bem encoberto. Em compensação obtém poderosa concentração da ação. O choque de vontades se realça pela curva nítida de peripécia e catástrofe. A estrutura aristotélica lhe possibilita abeirar-se em algumas de suas peças da autêntica tragédia (o que não implica um juízo de valor).

Tchékhov notou o artificialismo de Ibsen e se manifestou a respeito; é por isso que lhe preferiu o jovem Gerhart Hauptmann (1862-1946).

f) Gerhart Hauptmann e as forças anônimas

Na sua peça *Antes do Nascer do Sol* (1889), o jovem naturalista se esforçou por realçar o mundo impessoal, o ambiente, as forças anônimas. Colocar no palco, como personagem central, o ambiente é em si um paradoxo. Mesmo se o autor conseguisse traduzir a pressão das coisas em diálogo e ação, pecaria contra o próprio sentido da sua concepção, segundo a qual os fatores impessoais ultrapassam e desqualificam a pessoa. A própria concepção naturalista, que entrega o mundo humano à determinação de forças anônimas, não articuladas e não articuláveis, desautoriza o diálogo e a ação consciente e livre. O ser determinado por forças exteriores a ele não pode constituir personagem da Dramática rigorosa.

g) O narrador encoberto

A peça mencionada apresenta uma família de camponeses corrompida pelo alcoolismo e ócio a que se entrega depois da descoberta de carvão na sua propriedade. O vício transforma os personagens em seres passivos e inarticulados. A única personagem pura, a filha mais jovem, vive isolada e, por assim dizer, emudecida. Trata-se de uma "situação", de um "estado de coisas", que não oferece qualquer possibilidade de uma progressão dramática autônoma. Toda ação dramática, desenvolvida a partir desta situação, forçosamente a falsificaria, dando movimento e devir atual a um "estado" que, na própria intenção do autor, deve ser estagnação e uniformidade compacta. O recurso que Hauptmann usa para "dar corda" a este mundo petrificado é tipicamente épico: um pesquisador social visita a família cuja situação, tornada objeto de investigação, é revelada ao espectador a partir da perspectiva do estranho. O mundo da família camponesa é projetado a partir de um sujeito que nos "mostra" o objeto das suas indagações. Declara-se exatamente a atitude épica definida por Schiller: o público (seguindo o sociólogo) move-se em torno da ação que parece estar em repouso (I, 3, e). Hauptmann não reconheceu esta estrutura e envolve o narrador-sociólogo em amores com a filha – o que desencadeia a ação dramática. É quase como se o narrador homérico – que se dirige às musas pedindo-lhes inspiração – se envolvesse em lutas com gregos e troianos ou ficasse magnetizado pelo canto das Sereias.

h) Os Tecelões

Um clássico do drama de tendências épicas é a peça *Os Tecelões* (1892). A obra literalmente "descreve" a revolta dos tecelões da Silésia (1844) ou, mais de perto, a situação econômico-social que provocou a revolta sangrentamente sufocada. Uma série de "quadros", sem encadeamento e progressão inerente, é "escolhida" pelo autor (já que a própria dialética das cenas não assegura o desenvolvimento) para "ilustrar" as condições de desamparo e sofrimento em que se debatem os tecelões. É precisamente o caráter largo, épico, disperso do desenho que consegue concretizar a atmosfera opressiva e pesada, essencial ao propósito do drama. Também nesta peça são introduzidos personagens estranhos ao ambiente para que se justifique a descrição dele. Desta forma o texto se dissolve, no fundo, numa série de comentários, monólogos e perguntas sem resposta. Em cada cena surgem novas figuras, de modo a não haver unidade de ação e nem sequer continuidade progressiva, à base de um núcleo de personagens que possa constituir-se em mola de uma ação coerente. O que há é o esboço episódico de um estado simultâneo, com personagens que vivem lado a lado, mas não em comunicação, nem mesmo a do choque. A descarga emocional do coletivo parcelado não se manifesta através do diálogo e sim mediante o coro que, no "Canto dos Tecelões", dá vazão às tensões acumuladas (Ver Peter Szondi, op. cit., p. 52 e segs.).

Aplica-se a esta forma o que Alfred Doeblin disse da obra épica: ao contrário do drama, ela poderia ser "cortada pela tesoura em vários pedaços que, ainda assim, se mantêm vivos como tais". É desnecessário dizer que a peça não tem propriamente um fim, exigência fundamental no drama clássico; nem poderia tê-lo porque sua pretensão não é apresentar um microcosmo cênico autônomo que, como tal, tem princípio, meio e fim no palco. Sua pretensão é apresentar uma "fatia" da realidade e não uma pequena totalidade em si fechada. Não é a peça como tal que se finda (pois a realidade continua), mas é o "narrador" que dá por encerrada a peça num momento arbitrariamente escolhido (sem que se saiba do resultado da revolta), quando um personagem "inocente", introduzido no quinto e último ato, morre atingido por uma bala casual.

i) Curva dramática e traços épicos

A discussão destes problemas, longe de visar a intuitos normativos ou juízos de valor, tem apenas o fito de esclarecer as razões que levaram finalmente ao uso consciente de formas de dramaturgia épica, depois de uma fase em que os autores se serviam delas, em grau maior ou menor, com a consciência pesada ou mesmo inconscientemente. Ainda Hauptmann julgou necessário defender-se contra a crítica de ter "dissolvido" o drama devido à forte componente épica: "Muitas vezes censuraram a forma épica aparente dos meus dramas. Injustamente. *Os Tecelões*, p. ex., têm sem dúvida uma curva dramática. Do 1º ao 4º ato há uma elevação cada vez maior da ação, no 5º ato segue-se a queda" (de uma entrevista citada por Fritz Martini em *Der Deutschunterricht*, Stuttgart, caderno V, 1953, p. 83). Observa-se que Hauptmann usa o termo "dramático" no sentido de "curva dramática" ou "ação tensa". Ora, ninguém nega que um drama de forte cunho épico possa ter também traços estilísticos dramáticos. A eficácia teatral de *Os Tecelões* está acima de quaisquer dúvidas. Mas isso não quer dizer que não possa haver neste drama, como realmente há, traços estilísticos fortemente narrativos que chegam a ponto de tornar ambígua a própria estrutura do drama, como gênero. Com efeito, poder-se-ia quase chamá-lo de romance dramático se a estrutura dialógica não lhe resguardasse a essência do gênero dramático.

11. O PALCO COMO ESPAÇO INTERNO

a) O Ego de Strindberg

Com razão se disse de August Strindberg (1849-1912) – do Strindberg da última fase – que com ele se iniciou a dramaturgia do Ego e que sua obra *O Caminho de Damasco* (1898) é a célula matriz do expressionismo. Com esta peça inicia-se a subjetivação radical da dramaturgia. Numa entrevista, Strindberg declarou: "Como se pode saber o que ocorre no cérebro dos outros...? Conhece-se só uma única vida, a própria..." (C. E. Dahlstroem, *Strindherg's Dramatic Expressionism*, Ann Arbor, 1930, p. 99). Esta concepção nega no fundo não só toda a dramaturgia tradicional como toda a literatura de ficção. Ainda assim, a opinião de Strindberg atinge com força demolidora a dramaturgia, sobretudo esta, na medida em que se propõe a colocar no palco um mundo objetivo, autônomo e absoluto, em que cada personagem fala, vive e atua de próprio direito e impulso – convenção básica da Dramática rigorosa (I, 3, d).

A partir daí evidenciam-se as razões que forçaram Strindberg a "epicizar" a sua dramaturgia. Se é possível conhecer somente o próprio íntimo, e escusado fingir que se conheça o de outrem. Toda a dramaturgia servirá apenas para revelar os mistérios da própria alma (de um eu central), a partir da qual se projetará – como meros reflexos, impressões ou visões – os outros personagens, já sem posição autônoma e sim transformados em função do Ego central.

b) O Caminho de Damasco

É o "drama de estações" (admitindo-se este termo técnico) que se ajusta melhor do que qualquer outra estrutura à dramaturgia subjetiva. Drama de estações é *O Caminho de Damasco*, imensa trilogia que é uma verdadeira "paixão" do Desconhecido, personagem central que atravessa os momentos principais de sua vida, cercado de personagens simbólicos. O herói destaca-se nitidamente dos outros, pois estes só aparecem no encontro com este Ego, ficando, pois, relativizados pelo foco central. A base do drama de estações não é, em geral, constituída por várias personagens em posição mais ou menos igual e sim pelo único Ego do herói. Seu espaço não é, pois, basicamente, dialógico. Conseguintemente, o monólogo perde seu caráter de exceção, caráter que lhe é inerente no drama rigoroso. Deste modo é formalmente fundamentada a revelação ilimitada de "uma vida psíquica encoberta" (P. Szondi, op. cit., p. 39).

Com isso, as unidades tradicionais são substituídas pela unidade do personagem central. É este que importa e não determinada fábula em si conclusa que a Aristóteles se afigura bem mais importante do que os caracteres. Temos de acompanhar o caminho do herói através de variados lugares, tempos e acontecimentos. Assim, a continuidade da ação se desfaz numa sequência solta de cenas sem relação causal. Cada cena vive por si, como ilha cercada por tempos e lugares exteriores ao drama, não incorporados a ele, ao passo que no drama rigoroso uma ação completa se desenrola na sua totalidade. Visto que as diversas cenas são apenas recortes de um desenvolvimento que transborda da obra, elas se tornam "fragmentos cênicos de um romance" (P. Szondi, op. cit., p. 40). Romance que apresenta a biografia interna do herói (Ver também as "estações" do mistério, II, 5, b, c).

c) A psicologia profunda

Se acima se falou da "vida psíquica encoberta", convém salientar que isso se refere a um nível psíquico mais profundo do que o da dramaturgia clássica, baseada na psicologia racional dos séculos passados; psicologia cartesiana que torna os personagens transparentes até o íntimo. Os personagens de Racine ou Voltaire conhecem-se até o fundo de sua alma, mesmo nos momentos de maior paixão. Agora, porém, no limiar das descobertas freudianas, torna-se premente a necessidade de abrir o personagem ao mundo subconsciente, inacessível ao Ego diurno de contornos firmes e como que fechado no círculo da sua lucidez clássica. Se no drama naturalista o "indivíduo clássico" se vê pressionado pelas forças externas do mundo-ambiente, no drama subjetivo, expressionista, a pressão vem de dentro, dos próprios abismos subconscientes que se afiguram anônimos e impessoais da mesma forma que aquelas. É legítimo conceber os personagens de *O Caminho de Damasco* como projeções inconscientes do personagem central, a "Senhora", p. ex., como materialização de um anseio ou desejo onírico. Logo na 1ª cena, o Desconhecido diz a esta Senhora: "Na solidão encontramos alguém... Não sei se é a outrem ou a mim mesmo que encontro... O ar se adensa, povoa-se de germes; começam a crescer seres invisíveis, mas que são percebidos e possuem vida."

De fato, trata-se das revelações cênicas do inconsciente de um sonhador. O próprio Strindberg chamou esta obra de "peça de sonho", no prefácio à obra seguinte que se chama precisamente *Peça de Sonho* (1902). Nesta obra o autor tentou igualmente "imitar a forma do sonho, desconexa mas aparentemente lógica... São suspensas as leis de tempo e espaço; a realidade contribui apenas com uma base diminuta sobre a qual a fantasia elabora a sua criação e tece novos padrões: mistura de recordações, vivências, invenções livres, coisas absurdas e improvisações. Há personagens que se fragmentam, desdobram... volatilizam, adensam. Mas *uma* consciência paira acima de tudo: a de quem sonha" (Prefácio de Strindberg).

d) A estrutura épica do sonho

Na "narração que progride aos saltos" (Prefácio), o passado mergulhado no poço do inconsciente e recuperado pela "memória involuntária" do sonho surge como atualidade estranha, como objetivação em face do sujeito que sonha. Os personagens estranhos com que se defronta o Eu central nada são senão marcos do seu próprio passado. Assim, o drama de estações permite a Strindberg projetar cenicamente, atualizar e concretizar visivelmente no palco um passado que nas peças de Ibsen somente surge em diálogos por vezes artificiais. Nesta estrutura é antecipada a manifestação cênica do passado que, décadas depois, Arthur Miller e Nelson Rodrigues iriam ensaiar através das visões do personagem central (*Morte do Caixeiro-Viajante*, *Vestido de Noiva*). Nestes casos, os recursos usados têm cunho épico. Os de Ibsen, ao contrário, se afiguram rigorosamente dramáticos, pois dissolvem o passado íntimo em diálogo inter-humano. Já as projeções cênicas do passado são essencialmente monológicas e por isso de caráter lírico--épico (lírico, por serem expressão de estados íntimos; épico por se distenderem através do tempo; ademais, o lírico, na estrutura da peça teatral, tem sempre cunho retardante, épico).

e) Do impressionismo ao expressionismo

O naturalismo permanece ainda associado à tradição do teatro ilusionista; de certo modo, leva essa tradição até suas consequências mais radicais. Embora a temática naturalista, como se verificou, já contradiga as formas rigorosas, os autores naturalistas envidam esforços para salvá-las. Foi Tchékhov que, premido pela sua temática, talvez se tenha afastado com mais consciência do rigor formal. O dramaturgo russo de fato já supera o naturalismo em direção ao impressionismo. É propositadamente que desfaz a forma severa ao nos apresentar com infinita sutileza de nuanças os seus quadros da vida provinciana da Rússia.

É característico do impressionismo em geral que seus adeptos já não visem a apresentar a realidade tal qual ela é e sim qual ela se lhes afigura – a aparência da realidade, a impressão fugaz de um mundo em constante transformação. De certo modo eram naturalistas ao extremo. Mas precisamente por isso não alegam reproduzir a realidade e sim a mera impressão dela. Tornaram-se, por assim dizer, subjetivos por quererem ser objetivos. No drama isso tende a manifestar-se como introdução de um foco lírico-narrativo, isto é, de uma subjetividade a partir da qual é projetada a impressão desse mundo objetivo.

No expressionismo acentua-se essa subjetivação radicalmente, a ponto de se inverterem as posições: a própria subjetividade constitui-se em mundo. Prescindindo da mediação das impressões flutuantes e fugazes do mundo dado, o autor "exprime" as suas visões profundas, propondo-as como "mundo". Este é apenas expressão de uma consciência que manipula livremente os elementos da realidade, geralmente deformados segundo as necessidades expressivas da alma que se manifesta. A ideia profunda plasma a sua própria realidade. É evidente o forte traço lírico que decorre da própria concepção expressionista.

f) Anti-ilusionismo

Com isso verifica-se ao mesmo tempo uma viragem contra o teatro ilusionista: o expressionismo já não pretende reproduzir a realidade exterior e opõe ao drama naturalista de ambientes sociais, assim como ao drama impressionista de atmosfera, um drama de ideias em contexto fortemente emocional, ideias expressas através de uma sequência livre de imagens simbólicas, espécie de revista com pano de fundo musical, coro, dança, etc. Essa revolução cênica contra a ilusão, no início do século, corresponde perfeitamente à das outras artes, particularmente das artes plásticas, que abandonam, pouco a pouco, a reprodução da realidade e o figurativismo. Daí também as numerosas experiências no sentido de superar a separação entre plateia e palco, a oposição ao palco à italiana, as pesquisas na arte de desempenho (com forte influxo do teatro asiático) que procuram assimilar a pantomima e máscara da "Commedia dell'Arte" e o estilo grotesco (Meyerhold) ou rítmico-musical (Adolphe Appia), assim como a tendência de criar uma cenografia estilizada, com fortes elementos de abstração simbólica (Gordon Craig). Os bastidores perspectívicos são considerados de mau gosto, começa a preferir-se o "décor" construído, de três dimensões (Appia). Exalta-se o teatro teatral, a teatralidade pura. O ator já não teme revelar que atua para o público. A "quarta parede" do naturalismo é derrubada. O teatro não receia confessar que é teatro, disfarce, fingimento, jogo, aparência, parábola, poesia, símbolo, sonho, canto, dança e mito.

g) O drama lírico-monológico

O anti-ilusionismo incentiva as intenções cênicas e corresponde à filosofia do expressionismo: a autoexpressão das ideias do autor, através de um herói que percorre as "estações" da sua vida, à procura do próprio Eu ou de uma redenção utópica do mundo. O herói, encarregado de proclamar visões apocalípticas do ocaso e ao mesmo tempo visões otimistas e utópicas de um mundo futuro em que depõe toda a sua esperança, necessita de um palco e de uma dramaturgia nova para manifestar-se. Não se encontra mais em situação dialógica, visto lutar contraio mundo. O *outcast* e o marginal tornam-se personagem central do drama expressionista – figura que pela sua própria condição social está em situação monológica. O drama se decompõe em revista, suporte e púlpito de manifestações líricas, de sermões, apelos extáticos e confissões místicas. Reinhold Sorge (1892-1916), cujo *Mendigo* (1910) marca o início do expressionismo dramático, destaca que ele, autor, se identifica com o mendigo. Georg Kaiser (1878-1945), Hanns Johst (1890), Ernst Toller (1893-1939) seguem-se com peças semelhantes e de teor confessional.

O drama torna-se monológico, apesar do diálogo aparente. Certo, tanto o monólogo como o "aparte" são também recursos usados na dramaturgia clássica. Contudo, não ameaçam a situação dialógica como tal porque antigamente neles nada se formulava que tornasse inexequível a comunicação. Precisamente a fácil comunicabilidade de certos fatos impunha o monólogo e "aparte" para manifestar tais fatos à revelia dos outros personagens. Bem diversa é a situação quando se usam esses meios como elementos *constitutivos* da peça, porque o protagonista está essencialmente só ou se encontra em face de um mundo estranho e adverso, que não se cristaliza em voz articulada e parceira de diálogo; ou ainda quando se trata de exprimir experiências profundas que, por serem de natureza incomunicável ou inconfessável, interrompem a situação dialógica. Com frequência o aparente diálogo expressionista consiste, na realidade, de dois monólogos paralelos ou de um só texto distribuído entre várias vozes.

O drama rigoroso pressupõe, antes de tudo, a "franqueza" dialógica; isto é, no diálogo o personagem se torna transparente e se revela (e quando mente, isto é de algum modo frisado). Para o drama clássico só tem existência o que pode ser reduzido a diálogo. Agora, porém, a situação tende a ser justamente a oposta; o que é capaz de se tornar diálogo não tem existência real ou, pelo menos, não tem peso e importância (Ver Eugene O'Neill).

h) O personagem como suporte de visões

É característico que o idealismo subjetivo do movimento – a constituição do mundo a partir do espírito do herói – longe de configurar o indivíduo portador das mensagens na sua plenitude concreta, ao contrário leva precisamente ao seu esvaziamento e abstração. O lirismo do movimento não permite a cristalização de personagens nítidos, mas apenas a projeção de ideias e emoções subjetivas (I, 2, a) que se traduzem em mundo cênico. Na sua concretitude a pessoa só se define na inter-relação humana, diante do pano de fundo da realidade-ambiente. Sendo, porém, projeções extáticas ou oníricas da própria consciência subjetiva, todos esses elementos objetivos se apresentam fortemente distorcidos, deformando por sua vez a consciência que os projetou. Essa consciência central não é, evidentemente, a transposição literal do autor "biográfico" para o palco. Trata-se de uma "consciência transcendental", isto é, reduzida a determinado esquema essencial para que seja capaz de se tornar em projetora das concepções, visões e mensagens do autor. Daí a atmosfera irreal até a abstração o drama expressionista, assim como a tipização violenta dos personagens, característica do antipsicologismo e da busca do mito que são essenciais ao movimento. Contudo, essa abstração e deformação são pontos programáticos de um idealismo que considera real não o mundo empírico, mas somente as visões do Eu profundo.

O que domina o palco expressionista não são, portanto, personagens dialogando, no fundo nem sequer personagens monologando, mas movimentos de alma e visões apocalípticas ou utópicas transformadas em sequência cênica. Em termos de gênero, pode-se falar de peças líricas que tomam feição épica, em virtude da distensão narrativa dos estados de alma através de uma sucessão ampla de cenas. O cunho épico ressalta também do fato de que o mundo aparentemente objetivo é mediado pela consciência de um sujeito-narrador.

PARTE IV:
CENA E DRAMATURGIA ÉPICAS

12. NOTA SOBRE O TEATRO ASIÁTICO

a) Observações gerais

A partir dos fins do século passado a arte asiática, particularmente a japonesa e chinesa, começa a exercer influência crescente sobre a arte ocidental. Quase todos os diretores da época, de Meyerhold a Reinhardt, e os grandes dramaturgos, mormente Brecht, Claudel e Wilder, referiram-se com frequência ao teatro asiático como fonte de inspiração. Uma ligeira nota sobre este teatro torna-se, portanto, indispensável, apesar da dificuldade de abordar uma arte que não se conhece de experiência própria e cujas manifestações, baseadas numa cultura muito diversa da ocidental, devem ser interpretadas com cautela. É precário aplicar classificações literárias a um teatro que, antes de ser veículo de um gênero literário, é sobretudo espetáculo, quer dizer uma arte visual, plástica, coreográfica, pantomímica, fortemente apoiada pela música, sendo o texto dialógico muitas vezes pouco mais que um pretexto para mobilizar as outras artes.

b) Origens

As origens do teatro, em muitos países asiáticos, ligam-se a danças sagradas a que, em determinada fase, tendem a associar-se elementos pantomímicos ilustrando mimeticamente um contexto narrativo. O Nô, o clássico drama lírico do Japão, é a culminação de várias formas de dança e pantomima.

Até hoje o povo japonês gosta de ouvir narrativas, meio declamadas e meio cantadas, ao som do samisen. Este tipo de narração, apresentada por uma espécie de bardo ou rapsodo e baseada em alguns grandes romances históricos, penetrou profundamente no Bunraku, teatro de marionetes japonês, associando-se de outro lado a certo tipo de drama musical. Todos esses elementos se manifestam, por sua vez, no teatro clássico popular do Japão, o Kabuki. O forte influxo do teatro de marionetes tem efeito épico, pois a sua "verdadeira substância... é a recitação. Tal recurso... resolve o problema da mudez dos bonecos. O narrador canta ou conta a estória inteira e enuncia as falas para todos os bonecos" (Faubion Bowers, *Japonese Theatre*, Ed. Peter Owen, Londres, p. 30). Os bonecos, de resto, nunca podem "ser" os personagens humanos; não podem transformar-se neles; apenas podem servir-lhes de suporte. Pelo menos para o europeu adulto a ilusão não pode ser intensa. Esse momento antiilusionista se acentua no Bunraku – que contaminou todo o teatro Kabuki – pelo fato de os exímios operadores dos bonecos – três para cada um – serem plenamente visíveis.

c) O drama Nô

Surgindo no século XIV ou XV, o espetáculo se inicia com uma espécie de prólogo coreográfico em que um ator, apresentando-se ao público, dançando e proferindo palavras num sânscrito incompreensível, coloca a máscara, como que querendo significar que a função teatral principia. O teatro é, portanto, caracterizado como teatro e "faz de conta". Embora curta, a peça Nô tem caráter épico, pois a ação é geralmente *recordada* e não atualizada. Trata-se de peças *sobre* uma ação e não da ação propriamente dita. O enredo é "poeticamente evocado e discutido pelos personagens e pelo coro; e os movimentos tornam-se comentários como que oníricos da ideia contida nas palavras" (Faubion Bowers, op. cit., p. 17). Ademais, cada personagem se apresenta a si mesmo, de modo que a exposição não é inserida numa ação dramática, tendo direção narrativa para o público. Também o ambiente é descrito de forma narrativa. Um coro ao lado e músicos no fundo do palco acrescentam outros comentários acerca de situação, atmosfera, emoções. Numa sessão apresentam-se, em geral, cinco peças Nô, interrompidas por interlúdios cômico-populares, com fortes críticas à aristocracia (Kyogen).

d) Kabuki

Esta ruptura da ilusão pelo burlesco é também típica do Kabuki (a partir dos séculos XVII/XVIII). A intensa ilusão criada pelo jogo teatral é, por vezes, deliberadamente destruída, p. ex. pelo costume de os atores, de repente, passarem a se tratar pelos nomes reais. Pouco respeito pela ilusão, no sentido europeu, é também característico do teatro chinês. Ajudantes, vestidos com trajes comuns, aparecem no palco para dispor os acessórios ou assistir os atores em pleno desempenho. Durante um violento duelo é perfeitamente possível que chegue a hora do chá, mas do chá real. O ajudante o serve, os duelantes interrompem o duelo, tomam o chá, voltam aos seus papéis e reiniciam o duelo.

A estrutura do Kabuki é épica, como a do Nô, ao qual supera de longe em duração. Sem dúvida, são os próprios atores que pronunciam o diálogo, mas o coro-narrador ainda exerce variadas funções. Manifesta-se como voz da consciência e comentador, mais ou menos como o coro grego; toma a si o solilóquio dos personagens, informa o público sobre questões do entrecho e ambiente e serve de acompanhamento rítmico-musical que liberta os atores intermitentemente para a dança (Faubion Bowers, op. cit., p. 31). Constitui, enfim, uma espécie de moldura narrativa dentro da qual se desenvolve a ação dramática propriamente dita, à semelhança dos cantores de *O Círculo de Giz Caucasiano* (Brecht).

e) A pantomima e o elemento géstico

Pelo menos em sentido ocidental, a pantomima, apesar do seu caráter mimético, não é uma arte propriamente "dramática, embora se encontre nas origens do teatro e permaneça uma arte de forte eficácia cênica. Não é dramática, na acepção literária, por lhe faltarem as palavras do diálogo que é básico para a concepção do drama ocidental. Mas precisamente por isso ela é um recurso extraordinário para *ilustrar* uma narrativa, objetivo a que também se destinam os teatros de sombra de Java, da China e da Índia. Como o títere mudo, a silhueta se presta magnificamente a tal fim. É digno de nota que a pantomima faz parte integral do Kabuki, muitas vezes adotando os movimentos dos fantoches. Os bonecos, por mais hábeis que sejam os operadores, nunca deixam de permanecer imitação rígida e irreal do ser humano. O Kabuki, ao imitar os bonecos, desenvolveu um estilo de desempenho que é a imitação de uma imitação. "O ator, ao atuar, é de certo modo um ser humano duas vezes afastado da sua própria humanidade" (Faubion Bowers, op. cit., p. 195). Essa extrema estilização ressalta em certos momentos do Kabuki, quando o ator narra algum evento passado e começa a comentar o passado com movimentos de títere, às vezes apoiado por um operador que parece manipulá-lo. Assim, a própria pantomima, ao projetar os eventos para o passado, distancia-os pelo forte contraste dos movimentos irreais. A ação é descrita como irremediavelmente *acontecida* e já não acessível à atuação da vontade humana. O sujeito atual, projetando-se para o passado, vê-se como objeto e o próprio pretérito reveste este objeto da rigidez do boneco, já que nesta dimensão temporal nada pode ser modificado pela atuação livre. Mas esta interpretação talvez seja muito ocidental.

São também característicos os instantes que interrompem a movimentação pantomímica. Os atores de repente ficam petrificados em posições fantásticas – espécie de *close up* temporal ou foto fixa no fluxo cinemático – compondo quadros cuja imobilidade serve de ponto de exclamação e realce de um momento arrancado da corrente temporal.

Tanto os teatros clássicos do Japão como da China e da Índia se distinguem pelo simbolismo de gestos rigorosamente codificados, extremamente formalizados e lentos. É um gesto "salmodiante" que corresponde à recitação salmoaiante. A convencionalização dos gestos é acentuada pelo uso de máscaras, quer integrais, quer parciais ou apenas espessamente pintadas na face, com o fito de criar tipos fixos e convencionais (p. ex. o guerreiro sinistro), inteiramente avessos a qualquer diferenciação psicológica. Num teatro em que a realidade é padronizada ao extremo da abstração, não admira que personagens femininas sejam apresentadas por especialistas masculinos. Brecht teve contatos com um dos maiores atores chineses de papéis femininos, Mei Lang-fang. Seu agente, Dr. Tchaeng, explicou-lhe a diferença entre a concepção ocidental e a chinesa, no tocante ao desempenho: "O palco ocidental (moderno) caracteriza, individualiza. A máxima realização artística é proporcionada por quem apresenta um desempenho tanto quanto possível individual de um modo tanto quanto possível original. Já o teatro chinês se distancia consciente e propositadamente de qualquer representação realista... Todos os eventos cênicos são simbólicos. Para o ator o corpo é apenas material, instrumento que dá forma a um personagem com quem sua própria personalidade nada tem que ver fisicamente e só de modo muito mediato psiquicamente" (Ernst Lert, cit. por Ernst Schumacher, *Die dramatischen Versuche B. Brechts* 1918-1933, Rlitten & Loening, Berlim, 1955, p. 331). O comportamento simbólico – convencional como o do desempenho medieval – estabelece modos cênicos de andar e de emitir a voz (falsete) que, no sentido europeu, são evidentemente anti-ilusionistas, e foi neste sentido que Brecht aplicou as lições asiáticas. A negação da empatia, da identificação do ator com o personagem, é realçada por Tchaeng: "A máxima realização artística é alcançada pelo ator que eleva as fórmulas (do gesto estilizado) do modo mais exato possível à forma pura, mediante uma representação completamente despersonalizada" (Ernst Lert, ver op. cit., p. 331). É extraordinária a economia e a reserva do jogo géstico. Um passo pode significar uma jornada inteira, o levantar de uma mão, um drama pungente, um ligeiro voltar da cabeça, uma recusa terrível. A codificação do gesto lhe dá ampla função narrativa. Mais do que apoiar o diálogo, o gesto lhe acrescenta um comentário épico.

f) Direção para o público

É também fortemente estilizada a cenografia, principalmente na peça Nô e no teatro chinês. Quase tudo se reduz a sugestões. A arte da *omissão*, para estimular a fantasia do público, é extremamente requintada. Os acessórios são em larga medida dispensáveis visto que os atores costumam descrevê-los, quer pela palavra, quer pela sugestão pantomímica que, neste sentido, amplia sua função narrativa. Todo o desempenho tem forte direção para o público – fato que sobressai na pantomima. Ademais, palco e plateia, principalmente no Kabuki, são unidos pelo *hanamichi*, a passarela que atravessa a sala à altura das cabeças dos espectadores e sobre a qual se desenvolve amplo jogo cênico, às vezes em choque com o jogo de uma segunda passarela do lado oposto, de modo que boa parte do público fica como entre dois fogos.

Os espetáculos têm acentuado cunho didático-moralizante, aliás típico do teatro europeu durante largas fases da sua história.

13. A INTERVENÇÃO DO DIRETOR TEATRAL

a) V. Meyerhold (1874-1938?)

Teóricos ou homens da prática teatral como Adolphe Appia, Gordon Craig, Stanislavski, Max Reinhardt, etc., atuando na fase do naturalismo, impressionismo e simbolismo, por volta do século, tiveram influência incalculável sobre os desenvolvimentos cênicos modernos. Stanislavski, na sua fase dos "erros idealistas", chamou Craig a Moscou e invadiu assim o campo do teatro simbolista e expressionista; Reinhardt, um dos maiores representantes do ilusionismo impressionista, montou o *Édipo é A Morte de Danton* (1916-1917) na gigantesca arena de um circo Berlinense, tornando-se assim um dos pioneiros das inovações cênicas modernas. No contexto do teatro épico é, todavia, de importância particular o teatro de Meyerhold, verdadeiro Picasso da cena. Discípulo de Stanislavski, tornou-se um dos maiores experimentadores teatrais, favorecido inicialmente pelas transformações políticas que, durante breve fase, libertaram a arte soviética de todas as convenções tradicionais.

b) O "método biomecânico"

Aproveitando as possibilidades ilimitadas de pesquisa, desenvolveu seu método biomecânico que visa a traduzir vivências psíquicas elementares, despidas de nuanças psicológicas, em movimentos físicos racionais e lapidares. Para exprimir tristeza, o ator não recorre a um jogo mímico matizado, à maneira de Stanislavski; põe uma espécie de máscara pantomímica: fica de ombros caídos, move-se de modo contorcido, negligencia os trajes; a alegria pode ser expressa por uma dança saltitante, a atmosfera matinal pela marcha vigorosa e confiante de um grupo, etc. Em oposição a Stanislavski, Meyerhold desejava simplificar e estilizar o comportamento dos atores; em vez de transformar emoções diferenciadas em estudos psicológicos, procurava reduzi-las a fórmulas capazes de "socialização" e generalização, traduzindo concomitantemente reações individuais em comportamentos coletivos. Antecipando-se a Brecht, elaborou uma técnica de comentar o texto pelo gesto (à maneira asiática). Atribuía importante função à pantomima grotesca e às figuras arlequinescas do teatro popular das feiras, cujos comentários, já por si, representam um elemento de afastamento, visto saírem do contexto da peça e brotarem de um senso comum popular avesso às convenções históricas.

Anti-ilusionista, Meyerhold aboliu a cortina, os bastidores, empregando uma cena espacial destinada a criar novas relações entre palco e público. A cena, despida de todas as convenções realistas, ostentava estruturas geométricas, cubos, escadas, arcos, tudo dinamizado pelo movimento de discos giratórios, planos e escadas rolantes, terraços em deslocação vertical, paredes rotatórias, guindastes; movimento horizontal e vertical em que se integravam os próprios atores. Ruído e som, o uso da luz – tão acentuado por Appia – projeções, completaram esse pandemônio que apelava para quase todos os sentidos e certamente também aos nervos do público. Não admitiu a "quarta parede", a ficção de que os atores se encontrassem sozinhos no palco. Ocasionalmente imitou a passarela japonesa.

Na adaptação e encenação de um romance de Ostrovski projetou as recordações de um moribundo numa tela colocada por trás do personagem. É evidente que *esse* processo não é "dramático", no sentido rigoroso, embora possa talvez, aumentar o efeito cênico. A projeção das recordações ultrapassa o diálogo e expõe a intimidade (no caso o passado) de um ser humano por meios que são os de um narrador de romance. A atualização do passado não é aqui tentada através do recurso dialógico de Ibsen e sim através da montagem de uma narrativa visual, à semelhança do que iria fazer depois Arthur Miller, embora sem empregar recursos cinematográficos.

c) O teatro como festa

J. Vachtangov (1883-1922) criou um teatro festivo, cheio de musicalidade e feérica magia, fortemente influenciado pelo estilo da "Commedia dell'Arte" e pelo teatro de marionetes. O teatro deveria opor-se à realidade e nunca disfarçar o seu caráter lúdico, teatral. Também nisso se nota a influência de Craig, Appia e do teatro asiático. O espectador deve sentir, em cada momento, que está no teatro, longe da vida cotidiana. O teatro deve criar um ambiente formoso e ser um motivo de festa, cercando o público de cores luminosas. "Que a música seja radiante e alegre. Lembrem o público no clímax da tensão dramática que se trata de uma manifestação lúdica, de puro jogo, e que *não* se deve levar tudo isso muito a sério, pois o teatro *não* é a vida" (Jurgen Rühle, *Dos gefesselte Theater*, Ed. Kiepenheuer & Witsch, Berlim, 1957, p. 113). Com isso Vachtangov tornou-se um dos pioneiros do teatro antiilusionista e neste sentido deve ser concebida a sua famosa encenação de *Turandot*, de Gozzi. Efeitos épicos foram obtidos pelo fato de haver duas cortinas. Ao subir a primeira, Pantalão, Brighella, Truffaldino anunciam o espetáculo, apresentando o *ensemble* que surge em trajes a rigor. Depois abre-se a segunda cortina,

Brighella acena e exclama: "Vamos!" e os atores vestem os trajes cênicos em cima dos fraques e vestidos de baile. Em seguida, "maquinistas" colocam em ritmo de *ballet* os cenários e preparam o palco. Jogos de luzes e cores criam uma atmosfera de festa e ilusão teatral. Mas depois, um dos personagens (ou melhor o respectivo ator) puxa o bigode, que parece incomodá-lo, para debaixo do queixo. Timor, esfarrapado, antes de começar a chorar conforme prescreve o papel, levanta os farrapos e revira os bolsos do fraque até encontrar o lenço. Só agora, satisfeito, começa a chorar. Alguma coisa escapa da mão de Brighella, que se encontra nas alturas, num plano elevado. Com a voz natural (do ator) chama o príncipe Kalaf, gritando: "Savadskyl" (o nome do ator de Kalaf) e pede que lhe passe o objeto caído. Atores, no momento sem ocupação no palco, passeiam pela plateia, distraindo o público. Num entreato, os "maquinistas" parodiam todo o enredo de *Turandot*, assim como o estilo de representação. Vê-se bem que Vachtangov usa numerosos recursos de distanciamento, embora para fins puramente lúdicos, quase circenses, e não didáticos.

d) O palco político de Piscator

Entre os homens que tiveram influência decisiva sobre o teatro épico deve-se destacar Erwin Piscator (1893-1966) que elaborou de forma original sugestões de Meyerhold. Nas encenações que o tornaram famoso orientou-se pela ideia de um teatro épico – termo já usado por ele – que, segundo tudo indica, encontrou nele o primeiro representante consciente (com exceção talvez de Paul Claudel). O próprio Piscator reconhece a dívida para com o naturalismo. Aplicou ao palco concepções da *Neue Sachlichkeit*, ou "novo realismo", este termo entendido no sentido literal, como acentuação das "coisas" ("res") e das forças impessoais. Opondo-se ao subjetivismo expressionista, do qual contudo fez amplos empréstimos, invertendo-lhes muitas vezes a função, esforçou-se por demonstrar a supremacia dos processos econômicos e da técnica sobre a pessoa humana. O homem, deslocado do centro dramatúrgico, torna-

-se função social. "Não é sua relação para consigo mesmo, nem sua relação para com Deus e sim sua relação para com a sociedade que se encontra no centro" (Erwin Piscator, *Das politiscne Theater*, Ed. Adalbert Schultz, Berlim, 1929, p. 128). O domínio temático dos fatores objetivos (como no expressionismo o dos subjetivos) não permite a sua redução ao diálogo, exigindo a introdução do narrador representado principalmente pelo comentário cinematográfico que se encarrega de "documentar" o pano de fundo social que determina os acontecimentos. "Quais são os poderes decisivos da nossa época?... Os momentos econômicos e políticos e, como resultado deles... o fenômeno social. Se, portanto, considero como ideia básica de todas as ações cênicas a ampliação das cenas privadas pela passagem ao histórico, isso não pode significar outra coisa senão a ampliação em sentido político, econômico, social" (E. Piscator, op. cit., p. 133). Portanto, já não se tratava de realçar "a curva interna da ação dramática, mas o decurso épico... da época. O drama importa-nos na medida em que pode apoiar-se no documento".

e) O drama documentário

A ideia do drama documentário impunha, por sua vez, uma ligação entre a ação cênica e as grandes forças atuantes da história – concepção que contradiz radicalmente os princípios do drama rigoroso. Este constitui o seu próprio universo autônomo, em si fechado, universo que pode simbolizar o mundo empírico, mas que nunca pode fazer parte dele, como se o palco fosse sua prolongação, relativizado a algo exterior a ele. O "decurso épico da época" só poderia ser levado ao palco, segundo Piscator, em forma de reportagem ou revista, numa apresentação simultânea e sucessiva de um sem número de quadros. Antecipando os processos "cinematográficos" dos romancistas Dos Passos e Alfred Doeblin (que logo iriam reforçar-lhe a tendência) encenou em 1924 a peça *Bandeiras* (de Alfons Paquet), que já trazia o subtítulo "drama épico". Trata-se de uma sequência solta de cenas, quase se diria planos ou tomadas, em torno do julgamento, em Chicago (1886), de seis chefes anarquistas que foram condenados à forca. A sequência cênica estava cercada de amplo aparelho de comentários épicos: um prólogo caracterizando os vários personagens, bem como a projeção de suas fotos; depois de cada cena – interrompendo a ilusão – apareciam sobre dois planos laterais textos condensando a lição da cena. Concomitantemente, Piscator começou a aplicar sua teoria de que o ator não deveria identificar-se inteiramente com seu papel – ideia já antecipada por Meyerhold.

Anteriormente, Piscator já encenara uma revista política, sequência de cenas unidas apenas pelas discussões de uma dupla – o proletário e o *bourgeois* – discussões que se iniciavam na plateia, com o fito de derrubar as barreiras entre palco e público. Todos os recursos da "agitação" foram empregados: música, *chansons*, acrobacias, projeções, um caricaturista-relâmpago, alocuções, proclamações, apelos, etc. Em 1925 encenou-se um monstruoso "drama documentário", em homenagem aos líderes comunistas Karl Liebknecht e Rosa Luxemburg, assassinados em 1914. Tratava-se de uma gigantesca montagem de discursos, exortações, advertências, recortes de jornais projetados, filmes documentários, tudo isso acompanhado de *hot jazz*.

É importante salientar que Piscator usava as projeções não só como comentários e elementos didáticos, mas também como ampliação cênica e pano de fundo, ora geográfico, ora histórico, para pôr o público em relação com a realidade; na encenação de *Bateau Ivre* (dramatização do poema de Rimbaud), o palco foi rodeado de três imensas áreas de projeção, nas quais desenhos de Georg Grosz ilustravam o ambiente social da França de 1870. O mesmo princípio de ampliação épica, desta vez com recursos apenas cênicos, foi aplicado a *Ralé* de Gorki (que se recusou a colaborar). O asilo dos desclassificados foi transformado em parte de um *slum* ou zona de favelados e o tumulto no quintal em rebelião de todo o bairro. Levantando ou baixando o teto do asilo – desvendando ou encobrindo deste modo o plano citadino mais vasto – Piscator obteve o efeito de interpenetração entre o asilo (dramático) e o ambiente metropolitano (épico). É nítida, neste processo, a intervenção do narrador, não como projeção do autor e sim do diretor que aponta para a cena, revelando que o asilo é apenas um recorte, uma "fatia" de uma realidade social de amplitude imensa.

Típica para a tecnização cênica, usada conscientemente para realçar a supremacia das coisas e a "alienação" do ser humano, era a cena do radiotelegrafista (numa peça expressionista de Ernst Toller) em que se coordenavam diálogos, transmissões por alto-falantes, projeções, juntamente com um filme de raios X e a sincronização das batidas de coração de um aviador. O palco estava ocupado, na ocasião, por uma enorme construção de aço, de vários andares, onde se desenvolviam cenas simultâneas por trás de paredes transparentes.

f) Apreciação

O teatro de Piscator, muito criticado pela hipertrofia da técnica e pelo totalitarismo do diretor, transformado em maior figura do teatro, foi largamente discutido, também em círculos marxistas que, depois de lhe negarem importância, recentemente parecem reconhecer-lhe certos méritos. O uso de recursos cinematográficos no contexto cênico tem, sem dúvida, função epicizante, já que acrescenta o amplo pano de fundo documentário que costuma faltar ao teatro. Ademais, acrescenta o horizonte de um narrador, o que relativiza a ação cênica. O filme, por sua vez, é sobretudo uma forma narrativa e não primordialmente dramática, visto o mundo imaginário ser mediado pela imagem que independe em larga medida do diálogo e exerce funções descritivas e narrativas.

14. ALGUNS AUTORES NORTE-AMERICANOS

a) Observações gerais

Os três autores norte-americanos aqui reunidos foram selecionados pela importância peculiar que têm no nexo destas considerações. Se Tennessee Williams (e outros autores) não foi incluído, embora À *Margem da Vida* e *Caminho Real* pertençam à dramaturgia épica, decorre isso da suposição de que nada de especialmente novo foi acrescentado por tais peças ao tema em foco; o que evidentemente não implica um juízo de valor. Os autores abordados neste capítulo são parcialmente posteriores a Claudel e Brecht. A razão da sua abordagem antecipada não se liga somente ao desejo de unir três norte-americanos e sim ao intuito de situar na parte final, sucessivamente, os três autores mais completos do teatro épico: Wilder, Claudel e Brecht; autores em cujas peças a Dramática absorveu não somente traços estilísticos épicos e sim os princípios fundamentais da Épica e isso com plena consciência dos dramaturgos. Pondo de lado Piscator, que é um diretor, somente estes três autores fizeram *teatro* épico, na plena acepção da palavra, e não se limitaram a somente escrever peças mais ou menos "epicizantes".

b) O monólogo interior de O'Neill

Somente um aspecto da grande obra de Eugene O'Neill (1888-1953) será abordado aqui: o do "monólogo interior" que surge em *Strange Interlude* (1928; *Estranho Interlúdio*). A peça, já pela sua amplitude, é de cunho épico; amplitude necessária para "narrar" uma fase extensa da vida dos personagens principais. O autor não comprime, como Ibsen, todo o decurso temporal nos últimos momentos da catástrofe, projetando a partir daí os eventos passados. No entanto, a peça apresenta nos seus nove atos uma particularidade que torna a obra um exemplo importante do drama épico; há uma montagem de dois textos através de toda a obra: o diálogo real dos personagens e, concomitantemente, apostos em parênteses, os seus pensamentos íntimos enquanto estão dialogando. Esses pensamentos são pronunciados pelos atores em seguida aos diálogos reais, como uma espécie de "apartes" ou monólogos. Há, no entanto, uma profunda diferença entre os monólogos interiores de O'Neill e os monólogos ou "apartes" da dramaturgia clássica. Nestes nada é formulado que não pudesse ser facilmente comunicado aos outros. Se são pronunciados de modo a não serem ouvidos por outros personagens, a razão é em geral de ordem "prática" ou "política": a necessidade de encobrir certos pensamentos contraproducentes e perigosos precisamente devido à sua fácil comunicabilidade. Ademais, os "apartes" e monólogos na Dramática pura nunca interrompem a situação essencialmente dialógica (III, 11, g).

Inteiramente diversa é a situação nesta obra. O que os monólogos no caso simbolizam (embora de modo precário) é um nível mais profundo e íntimo da vida psíquica, sobretudo os móveis reais dos personagens, no fundo inarticuláveis e, de qualquer modo, incomunicáveis. É evidente que os personagens, enquanto conversam, não poderiam ao mesmo tempo "pensar" (conceitualmente) o que é formulado no segundo texto; psicologicamente, esta simultaneidade é impossível, quer enquanto pronunciam, quer enquanto escutam o primeiro texto. O artifício empregado procura exprimir, sem dúvida, o "fluxo da consciência", subjacente, que acompanharia, inarticulado e como uma espécie de *basso continuo*, o diálogo social, por trás do qual se esconde a realidade profunda dos movimentos psíquicos. "Como nós, pobres símios, nos escondemos por trás dos sons que se chamam palavras !" Logo em seguida, Nina (personagem principal) diz: "É que, repentinamente, reconheci as mentiras naqueles sons que se chamam palavras... Mudos, estamos sentados um ao lado do outro, pensando... pensamentos que nunca conhecem os pensamentos do outro..." O diálogo real é revelado como falso, superficial. Assim, o segundo texto, o do "fluxo da consciência", chega a tornar-se o principal, visto ser nele – geralmente mais incoerente para sugerir o seu nível mais íntimo e profundo – que se manifesta a verdade. Trata-se de uma estrutura tipicamente épica: não são os próprios personagens que, lucidamente, penetram no seu subconsciente, mergulho que lhes é vedado precisamente por se tratar do subconsciente. É o autor-narrador onisciente que revela e enuncia os seus impulsos através de uma montagem que trai de imediato a sua presença de narrador.

Verifica-se, pois, que recursos épicos se impõem não só quando se pretende apresentar cenicamente os poderes universais ou sociais exteriores ao homem, mas também quando se visa a exprimir as forças íntimas, oriundas do subconsciente. O diálogo clássico restringe-se essencialmente ao Eu racional e à sua intercomunicação com outros seres racionais; todos os poderes além ou aquém deste Eu têm de ser absorvidos por este diálogo para que se mantenha a estrutura rigorosa. Na medida em que se pretende dar maior autonomia a estas esferas impessoais – que já como tal desqualificam o Eu lúcido e articulado – impõe-se qualquer tipo de solução mais ou menos épica.

c) A "memória involuntária" de Arthur Miller

Semelhante é a razão dos recursos épicos na peça *Morte de um Caixeiro-Viajante* (1949) de Arthur Miller (1915-2005). O fato é que o primeiro título desta peça foi "O Interior de sua Cabeça". Seria fácil associar a este contexto algumas obras de Nelson Rodrigues, principalmente *Vestido de Noiva*. O "espaço interno" que Miller apresenta é o passado do protagonista Willy; passado que não é, como no caso de Ibsen, a duras penas injetado no diálogo, mas que é "montado" através de recursos cênicos. Em Willy é apresentada uma consciência em plena dissolução, o que justifica a constante e inadvertida interpenetração entre passado e presente (não se trata de *flash-backs*: estes marcariam nitidamente os limites entre passado e presente). O passado se apresenta com tamanha força de atualidade que se poderia falar de alucinações se esta "memória involuntária" não constituísse o próprio princípio formal da peça, à semelhança do *Vestido de Noiva* em que temos igualmente os planos de realidade, alucinação e memória. "Já não é à força que o passado é posto em língua através do diálogo dramático; os personagens já não são, a bem do princípio formal, impostos como donos da vida passada, da qual são, em verdade, vítimas impotentes" (Peter Szondi, op. cit., p. 132), assemelhando-se nisso aos títeres do pretérito no Kabuki (IV, 12, e).

A recordação torna-se princípio estrutural da peça. O palco passa a representar em ampla medida o "interior da cabeça" de Willy. De acordo com a lei da Épica, há um desdobramento entre sujeito e objeto, o passado de Willy se objetiva em face de Willy atual e invade a cena, como ilustração da vida íntima do herói. Os outros personagens que aparecem neste passado perdem a sua autonomia de figuras dramáticas, surgindo como projeções de um Eu que domina o palco. A interpenetração cênica de passado e presente suspende a unidade de tempo e lugar e a sucessão linear dos eventos. Espaço e tempo perdem a sua definição nítida (como no sonho), as paredes da casa de Willy se desfazem. Na mesma cena em que o protagonista se entretém em diálogo atual com o amigo Charley – enquanto jogam baralho – ele mantém simultaneamente um diálogo com o irmão Ben que encarna, para o fracassado caixeiro-viajante, o mito do *self-made man*, há muito obsoleto.

Graças ao recurso da cenarização épica do passado, Miller consegue apresentar em termos de grande eficácia teatral a desesperada tentativa do protagonista de encontrar uma explicação para o fracasso próprio e o do filho: verificamos que Biff quer punir o pai desde que Willy se lhe revelou como cabotino e "mascarado". A isto se associa a denúncia cênica (através de imagens do passado) da falsa e fantástica relação do pai para com a realidade: a ideia quimérica do *easy money* e êxito fácil, produzida pela lenda da fase capitalista inicial que não encontra nenhum apoio na dura realidade atual. Alimentado por mitos, Willy se agarra à ficção do "valor da personalidade" que ele entende como mero *appeal* e *charme* pessoais e não como integridade e capacidade profissional.

Graças aos recursos épicos empregados por Miller – embora nem sempre com plena coerência – quase nada disso se apresenta no diálogo atual. Surge como memória e, desta forma, não é arrancado da intimidade angustiada de Willy, encoberta pela máscara de confiança e fanfarronice. A sua terrível solidão permanece intacta e não é dissolvida na comunicação fácil do diálogo superficial. O essencial só Willy e o público sabem – e em certa medida o filho Biff. A própria esposa nada entendeu. No "Réquiem", ao pé do túmulo do marido suicida, ela dirá: "Não compreendo. Por que havias de fazê-lo?... Por que o fizeste? Procuro e procuro e procuro e nada compreendo, Willy".

d) A "consciência planetária" de Thornton Wilder

Entre os dramaturgos que realizaram um teatro épico no pleno sentido da palavra – e isso com coerência e continuidade – destaca-se Thornton Wilder (1897-1975). Nisto equipara-se a Brecht e Claudel. Wilder, de resto, aproxima-se mais de Claudel pelas razões que o levaram ao teatro épico: a visão universal. Sua lição didática, ademais, é no fundo conservadora, chegando a ser quase "filisteia", apesar do humanismo que nela se manifesta. São característicos os seus personagens ou narradores que, no fim da peça, se dirigem aos espectadores para desejar-lhes "boa noite". Isso, evidentemente, não seria possível numa peça de Brecht e nem sequer de Frisch ou Dürrenmat. Estes, se alguma coisa lhes desejassem, certamente optariam por uma péssima noite, exigindo que encontrassem, rapidamente e por si mesmos, a solução ou lição que a peça se nega a fornecer-lhes.

O próprio Wilder cuidou de dar esclarecimentos sobre a finalidade da sua dramaturgia e do uso dos recursos épicos. O que visa a mostrar no palco é o mundo como se apresenta ao homem moderno, caracterizado pela "mente planetária" (Ver *The Planetary Mind*, em Harper's Bazaar de 1-3-1950). Esta mente é universal, abrange continentes e épocas, comprime o passado na simultaneidade da memória e experimenta a simultaneidade dos acontecimentos em vastos espaços. Wilder salienta a estilização do desempenho e a quase ausência de cenários no teatro asiático; fatos que suscitariam a colaboração ativa da imaginação do público e tenderiam a elevar a ação da sua singularidade local ao planetário e universal. O narrador cênico deve exercer a função do coro antigo ou do *raisonneur* do drama tradicional. "Muitos dramaturgos deploram a ausência do narrador no palco, com seu ponto de vista (*point of view*, isto é, a perspectiva criada pelo foco narrativo), seu poder de analisar o comportamento dos caracteres, sua capacidade de interferir e suprir mais informações sobre o passado, sobre ações simultâneas, não visíveis no palco, e sobretudo sua função de salientar a moral da peça e realçar o significado da ação" ("Some Thoughts on Playwrighting", em *The Intention of an Artist*, Princeton, 1941, p. 95 e seguintes).

e) A "consciência microscópica" de Wilder

Mas não é só a vastidão dos espaços e tempos que atrai Wilder; o democrata puritano sente-se ao mesmo tempo fascinado pelo miúdo e desimportante, pelo *common man*, o homem comum mergulhado na insignificância do cotidiano. Neste ponto, o tema de Wilder se aproxima do de Tchékhov (III, 10, b, c).

Particularmente em *Nossa Cidade* (1938), Wilder conseguiu solucionar este problema introduzindo, como narrador, a figura do "diretor teatral" que, assistido por um cientista e um redator, dá à pequena cidade o plano de fundo universal e conta ao público os afazeres cotidianos dos cidadãos, a rotina insignificante da sua vida miúda. Para o diálogo isso representa uma extraordinária purificação, uma vez que os personagens apenas são chamados para ilustrar a narração do diretor, quando têm a dizer algo que realmente cabe no diálogo.

Esses dois temas fundamentais – a vastidão cósmica e a miúda vida cotidiana do homem comum – ambos inacessíveis à Dramática pura, associam-se numa relação imediata. Face ao imenso o homem parece ser um nada. É mesmo surpreendente ver como o homem insiste na sua importância, como exagera os seus sofrimentos particulares em face da absurda e desumana vastidão do universo e da inconcebível magnitude de trilhões de anos-luz.

Mas a lição de Wilder não é apenas a de que o homem não deve exagerar a sua importância. A sua intenção é dignificar o cotidiano e mostrar a grandeza no miúdo. O seu intuito é precisamente encorajar o homem comum a reconquistar a dignidade em meio da rotina banal. Típica dessa atitude é a carta que a menina Jane Crofut (de *Nossa Cidade*) recebe do pastor, com o seguinte endereço no envelope: "Jane Crofut, Crofut-Farm, Grover's Corner, Sutton County, New Hampshire, Estados Unidos da América do Norte, Continente Norte-Americano. Hemisfério Ocidental. Terra. Sistema Solar. Universo. Espírito de Deus."

f) Os recursos épicos de Wilder

Para pôr em cena as suas ideias, Wilder recorre a grande número de técnicas épicas: projeção de jornais cinematográficos, locutores, perguntas do público dirigidas ao palco, alocuções e apelos dirigidos ao público, comentários da mais variada espécie que criam um horizonte bem mais amplo que o dos personagens, o abandono dos papéis pelos atores que passam a criticar a peça e a discutir vivamente problemas pessoais, ensaios da peça que se verificam durante a apresentação da própria peça, etc. Os últimos recursos mencionados, muito típicos do teatro barroco e retomados por Pirandello, servem para desiludir o espectador e apontar-lhe a semelhança entre os problemas e a vida dos heróis da peça e os dos "atores"; assim o espectador é forçado a convencer-se de que no palco se discutem os seus próprios problemas e não apenas os de quaisquer personagens fictícios. Em *The Skin of our Teeth* (1942; *Por um triz*), Henry (Caim), filho do personagem central, sr. Antrobus (cidadão americano que é ao mesmo tempo Adão e representa a humanidade), lança-se contra o pai e sai do papel por identificar-se em demasia com ele: quase mata não só o personagem, mas o colega-ator. Felizmente intervém a empregada que grita: "Pare! Pare!... Você sabe o que aconteceu ontem. Não continue... Ontem quase o estrangulou." O intérprete de Henry faz, em seguida, uma verdadeira confissão o que, por sua vez, provoca a confissão do intérprete do sr. Antrobus. Assim o público é convidado a participar desta confissão coletiva. Não só o personagem Henry é Caim, mas também o ator, e não só o sr. Antrobus pecou, mas também o profissional que o representa. A empregada remata: "Todos nós somos tão maus quanto se pode ser."

A peça, de resto, é circular e termina no mesmo ponto em que começou. Sendo essencialmente um "modelo" das vicissitudes recorrentes da humanidade (época glacial, dilúvio, guerras), não pode concluir, já que a vida e a humanidade continuam. Assim, a empregada acaba no fim com o mesmo texto inicial e dirige-se ao público dizendo: "Neste ponto vocês entraram no teatro. Quanto a nós, temos que continuar representando eternamente. Vocês agora podem ir calmamente para casa. O fim desta peça não foi ainda escrito. O sr. e a sra. Antrobus! Eles têm muitos planos novos na cabeça e têm tanta confiança como no primeiro dia, ao começarem. Eles me encarregaram de lhes dizer boa noite: Boa Noite!"

g) Nossa Cidade

Essa forma circular, isto é, antiaristotélica, caracteriza também a peça *Nossa Cidade*, embora no caso sejam narrados em três atos a adolescência, o matrimônio e a morte de Emily Webb. Tal decurso parece implicar uma ação com início, meio e fim. Entretanto, essas três estações são apenas o modelo típico da vida comum, não se tratando de uma ação singular, inconfundível. O diretor-narrador apenas ilustra com Emily momentos típicos da nossa existência. O tema da peça de modo algum é Emily e sim "nossa cidade"; ou seja um grupo, uma sociedade que, como tal, não tem começo, meio e fim nítidos. O diretor, como cabe ao narrador onisciente e onipotente, tem até o poder de fazer voltar Emily, depois de morta, ao próprio passado para que possa reviver um dia de sua infância, enquanto ela própria ao mesmo tempo se observa, desdobrada em sujeito e objeto, do ponto de vista dos mortos. Desta forma o público tem uma visão épica, *sub specie aeternitatis*, para verificar que os vivos não compreendem a vida, que são cegos e passam a vida "envoltos numa nuvem de ignorância" e que cada um "vive como numa pequena caixinha fechada". Os vivos não sabem dialogar, portanto; opinião com que Wilder aponta um dos motivos da dramaturgia épica: a dificuldade do diálogo verdadeiro. Ao fim, o diretor amplia a visão até as estrelas e mais uma vez o público é despedido com um cordial "Boa Noite".

Pode-se discutir sobre se é necessário acrescentar, por meio do narrador, ao pequeno horizonte dos personagens o horizonte vasto da eternidade para, ao fim, nada se comunicar senão lugares-comuns; mas não se pode negar que a exortação singela do amor, dirigida ao homem comum através do comentário um pouco piegas, se transmite com grande eficácia emocional.

h) Auto do tempo fugaz

A fugacidade do tempo, o próprio tempo, é o tema de *A Longa Ceia do Natal* (1931), peça de um só ato extenso.

Tematicamente, o tempo já se tornara problema nas peças de Ibsen. Para o drama a representação da passagem do tempo propõe problemas quase insolúveis. Já foram apontadas as dificuldades com que se defrontou também Tchékhov. A dificuldade decorre do fato de que o drama rigoroso apresenta uma ação sem solução de continuidade, de atualidade absoluta, em que se nota apenas o momento presente enquanto produz futuro e em que se focalizam os *eventos* e não o *tempo* "em" que os eventos se sucedem.

Em *A Longa Ceia de Natal* Wilder representa cenicamente a voragem do tempo através de recursos extremamente hábeis. A peça, cuja apresentação exige pouco mais de meia hora, narra contudo 90 anos da vida da família Bayard (de 1840 a 1930). Tal *tour de force* é possibilitado pela ideia original de reunir a família em torno da mesa da ceia de Natal. Nas indicações iniciais lemos: "Noventa anos são atravessados nesta peça que representa em movimento acelerado noventa ceias na casa dos Bayard. Os atores devem sugerir pelo desempenho que envelhecem. A maioria tem uma peruca branca consigo que, em dado momento, coloca na cabeça...". À esquerda do palco há um pórtico ornado de guirlandas, que simboliza o nascimento (um carrinho empurrado através da porta indica o nascimento de uma criança). À direita há uma porta semelhante mas coberta de veludo negro. Os personagens que morrem simplesmente saem por esta porta.

Assim é "demonstrado", pela cerimônia da ceia festiva, o "ritual" da vida entre o nascimento e a morte: os personagens nascem, crescem com terrível rapidez, casam-se, têm filhos e atravessam célere a porta à direita, sem que de resto haja nenhuma modificação na mesa que, por assim dizer, ostenta sempre o mesmo peru de Natal. Os diálogos durante a longa ceia divergem pouco, os movimentos são ritualizados e se repetem, os brindes são proferidos com os mesmos gestos. O "movimento acelerado" é obtido através de uma montagem hábil que opõe, com efeito de choque, a brevidade do tempo de narração à enorme extensão do tempo narrado. Em dez minutos um personagem sentado na mesma mesa e comendo, sem talheres visíveis, do mesmo peru, amadurece, envelhece, murcha e some pela porta à direita. Assim, o decurso do tempo, geralmente imperceptível, por desaparecer ante a ação, isto é, o conteúdo temporal, é tornado palpável como distensão formal do tempo, devido à extrema dicotomia entre o tempo cênico e o tempo empírico. Dicotomia ainda ressaltada por ser focalizada unicamente a ceia de Natal que, como toda festa, detém o decurso do tempo pela repetição ritualística do sempre idêntico, ao passo que os celebrantes do ritual mudam com assustadora rapidez, numa coreografia quase de bonecos. Assim o próprio tempo se torna tema da peça. É evidente que também esta obra é circular e aberta, porque o tempo continua a fluir. Mesmo a extinção da família Bayard não representaria um fim verdadeiro, uma vez que o tema não é ela. A família apenas ilustra o passar do tempo – como Emily a vida cotidiana de *Nossa Cidade*.

i) A narração pantomímica

Como nas demais peças, a ausência quase completa de cenários e requisitos (talheres, etc.) e o jogo pantomímico, que sugere os elementos materiais, contribuem para facilitar certo distanciamento, além de solicitar a imaginação do público e contribuir, pela abstração, para elevar o singular e local ao universal. O ritual géstico acentua-se fortemente – às vezes com certa ironia, chegando mesmo ao grotesco – devido à ausência dos objetos que o movimento deveria deslocar. Há em tudo certa desmaterialização, algo do irreal se infiltra, parecendo transformar a vida humana em dança fugaz.

A falta de cenários e a pantomima destacam o cunho narrado das peças. O cenário realista, em si, é sem dúvida um elemento narrativo encoberto, já que apresenta o ambiente que no romance costuma ser descrito pelo narrador e, no texto dramático, pelas rubricas. O cenário dialogado em Shakespeare é um elemento lírico-narrativo. Porém, quando o próprio narrador se manifesta no palco, o cenário pode ser reduzido ao indispensável. Também a pantomima, sem requisitos, tende ao épico; ela é essencialmente descritiva, interrompe o diálogo e costuma visar ao público. De resto, no romance basta dizer que "ele escrevia uma carta" para o leitor acrescentar pela imaginação a mesa, a pena, o papel, a cadeira, etc. É como se no romance nos defrontássemos com uma pantomima sem requisitos. O dramaturgo épico aproveita-se da mesma capacidade projetiva do público. Este preenche o que o narrador apenas sugere (I, 3, 4; IV, 12, c).

15. PAUL CLAUDEL

a) As razões do teatro épico de Claudel

"Claudel – disse um conhecedor – tem o vício do mundo". Esse "vício", o anseio de fazer caber, no seu teatro, o "teatro do mundo", de refletir cenicamente a imensa simultaneidade da criação divina, impõe soluções épicas. Inspirado pela filosofia tomista e pelo simbolismo dos fins do século passado, Claudel concebe todas as coisas como relacionadas com todas as coisas; nada subsiste isoladamente, tudo é ligado a tudo, há uma correspondência infinita entre os seres. Isso contradiz a própria condição básica do drama rigoroso que isola e fecha, como num tubo de ensaio, uma ação única, eliminando o imenso mar aberto das condições universais que abarcam e possibilitam e influenciam essa ação.

Para Claudel, "tudo que é perecível é apenas um símbolo" do eterno: essa expressão de Goethe foi reproduzida quase literalmente por Claudel, embora chamasse ele o autor do *Fausto* de "burro solene". "Tudo que é passageiro torna-se expressão e reveste-se da dignidade de um símbolo. Tudo é símbolo, relacionado com Deus, tudo é encenação de nosso diretor (teatral) divino. Deste modo o mundo cessa de ser um palavrório caótico sem nexo: o mundo torna-se epopeia que possui sentido, ordem interna" ("Introduction au livre de Ruth", em *Pages de Prose*, Paris, 1954, p. 338-41).

Sendo o universo espelho de Deus, cabe ao poeta ser espelho do universo, para a maior glória de Deus. A visão de Claudel, como a do mistério e do teatro barroco, não é basicamente "dramática" e, menos ainda, trágica. *Sub specie aeternitatis* todos os conflitos humanos perdem importância. A tragicidade humana, as torturas e os conflitos de alma são como que absorvidos pela graça divina, todos os dualismos terrenos se anulam ante a transcendência da ordem cósmica e o plano divino da redenção final. "Deus escreve certo por linhas tortas" e *Etiam peccata* – também o pecado serve: o provérbio português e a expressão lapidar de Sto. Agostinho formam a epígrafe de O *Sapato de Cetim* (1919-24). Semelhante atitude traduz-se em solene "Sim" diante de todos os fenômenos. Esse "Sim" abrange mesmo o naufrágio humano, a desordem moral e ainda a mais terrível crueldade. São aspectos da queda, necessários no plano geral do universo. Tal filosofia resulta em atitude épica e não dramática. O próprio Claudel disse certa vez que o catolicismo deve trazer à alma repouso e certeza; cabe-lhe ser sedativo e não motivo de drama. O cristão sente-se em concordância com o universo, a ordem cósmica imutável não lhe pode inspirar angústia ou desespero.

Nisso, a obra de Claudel mais uma vez se assemelha ao "mistério" goethiano de *Fausto*. Ambos, apesar das profundas divergências, aproximam-se, quanto ao problema da teodiceia, da justificação do mal no cósmico plano divino. A obra teatral de Claudel é como uma vasta ilustração da palavra de Goethe de que o universo é um órgão tocado por Deus, enquanto o diabo move os foles. O mal tem seu lugar na harmonia cósmica.

b) Claudel e Brecht

O radicalismo e a dureza com que Claudel concebe (p. ex. em *O Livro de Cristóvão Colombo*) a matança de dezenas de milhares de índios ou a escravização de tantos africanos, enfim, toda a paixão e ganância dos conquistadores, como instrumentos a serviço de Deus, provocaram do próprio lado católico inúmeras acusações de heresia, soberba e amoralidade e uma verdadeira rebelião contra o zelo feroz do "genial elefante bíblico". Curiosamente, essa concepção da instrumentalidade sacral do homem – semelhante à hegeliana da "manha do espírito universal" que se serve das paixões dos grandes indivíduos para atingir os seus desígnios superiores – essa concepção proveniente de um teocentrismo radical, resulta em consequências comparáveis àquelas a que, pelo menos em certa fase, B. Brecht se viu levado pelo sociocentrismo: a aprovação do sacrifício da vida humana, incluindo o assassinato, em prol da causa do comunismo (A *Decisão*); tese, aliás, que foi combatida com a mesma violência pelos comunistas como a de Claudel por inúmeros cristãos. Não importa neste ponto verificar que Brecht se "converteu" a uma atitude de profunda afabilidade e bondade humanas e que o zelo claudeliano é resultado do amor de Deus. O importante é verificar que concepções que com tamanha ênfase teo ou sociocêntrica tendem a colocar o centro fora do indivíduo, integrando-o como elemento no todo maior, quase necessariamente conduzem a uma ideia épica do teatro. Isso vale também para Thornton Wilder. Por mais importante que nos três casos se afigure o papel do indivíduo, o que sobreleva é, afinal, o plano maior, histórico ou universal, que reduz o ser humano a uma posição funcional, pelo menos no quadro terreno ou histórico. Essa funcionalidade é menos acentuada no caso de Wilder, mas somente porque o americano "liberal" tende a acentuar menos o plano universal ou histórico.

c) *O Sapato de Cetim*

Nesta obra Claudel criou uma peça que é *theatrum mundi* no sentido ibérico-barroco, teatro que celebra a grande unidade do mundo natural e sobrenatural segundo a visão cristã. A cena é o mundo dos séculos XVI e XVII; a heroína é a Espanha católica do século de ouro, com seus vastos problemas africanos e muçulmanos, com sua vocação americana e universal, com seus conflitos europeus, sua luta contra a Reforma, seus contatos com o Oriente remoto. As vidas do conquistador Dom Rodrigue e da sua amada Dona Prouhèze quase se esgarçam no painel vasto e multicor da mais gloriosa época da Igreja militante. Em quatro jornadas, cada qual um espetáculo completo, rico de episódios e de ações paralelas e entrecruzadas, simultâneas e sucessivas (tudo é ligado a tudo), sustentadas por amplos grupos de personagens de todas as camadas sociais, desenrola-se o enredo principal do amor de Dom Rodrigue e Dona Prouhèze, esposa de Dom Pelayo e "isca de Deus" – amor cuja impossibilidade leva o "peixe", já que não pode conquistar a mulher, a conquistar e reunir os continentes, conduzindo-os ao encontro de Deus. O drama passa-se ao mesmo tempo em todas as partes do mundo espanhol e exigiria, no fundo, o palco simultâneo medieval, precariamente substituído pela rapidíssima mudança de cenários, à vista do público, numa sequência que liga uma cena a outra pela entrada dos atores da cena seguinte enquanto os da anterior ainda atuam. Cria-se assim um encadeamento oposto ao aristotélico, já que a sequência não liga uma ação una, mas aponta correspondências universais sem nenhum nexo lógico; correspondências simbólicas que se assemelham ao pensamento figural da Idade Média (II, 5, d). O padre jesuíta de *O Sapato de Cetim* (como depois Colombo) está acorrentado ao mastro da nave e este mastro é o crucifixo do seu martírio, enquanto a nave é a nave da salvação e a água do mar o símbolo sacramentai, símbolo também da conquista mundial e ainda da infinitude de Deus. Também aqui a conexão entre os acontecimentos, simultâneos em vastos espaços e sem relação aparente, verifica-se pela ligação vertical com a providência divina.

d) Recursos épicos

Se toda a peça, pela sua estrutura, se afigura épica ao extremo, acrescentam-se a isso ainda os fatores típicos do comentarista, da direção ao público, da interrupção por vezes violenta da ilusão, da mistura do estilo solene e sublime com o burlesco e cômico. A peça logo se inicia com um locutor que pede aos espectadores que dirijam o olhar para os destroços de um navio quase na linha equatorial, à mesma distância do velho e do novo continente. Em seguida, o jesuíta amarrado ao mastro dá num longo monólogo lírico-épico um resumo antecipado da peça. Convém realçar o forte teor lírico desta e de outras peças. A dimensão lírica é, com efeito, indispensável à obra de Claudel, como realça Jacques Madaule, observando que a sua dramaturgia tende sempre "da maneira mais direta e imediata à manifestação o essencial que não é uma relação do homem com o homem, fonte do diálogo, mas uma relação do homem com o universo.... e com Deus" (Claudel, Ed. L'Arche, Paris, 1956, p. 148). Relação que pelo menos tende à manifestação monológica. Dando à teoria dos gêneros de Hegel uma interpretação um tanto arbitrária, teríamos na dramaturgia de Claudel realmente uma "síntese" da Lírica e Épica, embora o resultado seja precisamente a dissolução da Dramática pura (I, 3, b, c).

Na segunda jornada (2ª cena), precisamente num momento particularmente trágico da ação, surge o *Irrépressible*, verdadeiro palhaço que dirige a mudança dos cenários, se agita entre os maquinistas e chega a brincar com os próprios personagens da peça. Ao mesmo tempo, o Irreprimível propicia ao público informações úteis sobre a localização da cena. Isso sem falar dos personagens cômicos ou do estilo tragicômico que envolve a protagonista Dona Prouhèze, ao falar com seu anjo da guarda que impede a apaixonada de seguir o amado Rodrigue.

e) Ruptura da ilusão

No teatro do século XX Claudel foi um dos primeiros autores a empregar meios tão drásticos para romper a ilusão. Apenas alguns diretores se lhe anteciparam ou fizeram simultaneamente experiências semelhantes (IV, 13). No tocante à mistura de estilos, o próprio Claudel referiu-se frequentemente ao seu gosto pelo rude e popular, dirigindo-se ao mesmo tempo contra a pureza da tragédia clássica. Sentia-se atraído pelas artes flamenga e nórdica, sempre mais inclinada a unir elementos díspares. Entretanto, não se trata apenas de pôr manchinhas de sal e pimenta para dar alegria, luz e força a um quadro de tons solenes. É também a tradição didática do Teatro Jesuíta em que se apoia. A cena deve ser denunciada como tal, como imagem da grande cena do mundo. Os espectadores são solicitados a se inteirarem de que desempenham papéis na cena universal. É por isso também – e não só para criar efeitos de simultaneidade – que os atores de cada cena devem aparecer antes de os colegas da cena anterior terem terminado de atuar, podendo mesmo ajudar na mudança dos cenários. As indicações cênicas podem ser afixadas ou lidas pelo diretor ou pelos atores que tiram os textos dos bolsos. Tudo deve ter um ar de improvisação.

Sem dúvida há em tudo isso também o prazer lúdico do criador que brinca com as convenções do teatro e com as criaturas da própria obra, à semelhança do teatro de Tieck (II, 7, d). Mas no caso de Claudel mesmo isso tem cunho didático, enquanto no teatro de Tieck prevalecem a ironia romântica, a manifestação lúdica da liberdade irrestrita do poeta, a glorificação da aparência e do jogo estético. Tieck não visa a nada que seja exterior à arte. Em Pirandello impõe-se o jogo perturbador com a consciência da realidade e o desejo de desmascarar as convenções teatrais que já não se ajustam à atual situação humana. Há em Pirandello, sem dúvida, razões filosóficas – toda uma antropologia – para o desilusionamento radical do palco. Mas somente na obra de Brecht, Claudel e Wilder prepondera o motivo didático na aplicação dos mecanismos do distanciamento.

f) O Livro de Cristóvão Colombo

O próprio título desta obra (primeira versão: 1927) indica a intenção épica: os eventos cênicos apenas ilustram a narração do livro, feita pelo "explicador" (de função sacerdotal) e dirigida ao coro dos fiéis. Encarnando por assim dizer a reação da humanidade, o coro julga e comenta os acontecimentos e serve de mediador e intérprete entre o público e o drama que se desenrola na cena. A estrutura tem certa semelhança com os "oratórios" didáticos de Brecht, p. ex. com o "Coro de Controle" de *A Decisão*. O desdobramento em foco narrativo e projeção do mundo narrado decorre não só da narração do explicador sacerdotal que, enquanto conta a estória de Colombo, demonstra didaticamente a destinação celeste do homem; resulta sobretudo do fato de o próprio Colombo se tornar espectador da sua vida passada. Chamado pelo explicador e pelo coro, Colombo separa-se de Colombo, que agoniza em Valladolid, e toma seu lugar no proscênio, ao lado do coro e do comentarista, para contemplar as estações do próprio martírio que se desenrolam a certa distância na cena central. Com isso, toda a narração da vida ativa e temporal de Colombo é literalmente distanciada, projetada para o passado e relativizada por uma atualidade que é a do comentarista, do coro e de Colombo contemplativo e intemporal da posteridade. Esse Colombo II, do proscênio, encarna a missão divina de Colombo I, exorta-o, aconselha-o, é sua voz interior, contempla-o e torna-se assim juiz da própria epopeia.

Entretanto, toda essa estrutura complexa é por sua vez emoldurada pela cerimônia sacral da missa, de modo que o "drama" na sua íntegra se subordina e se torna símbolo da visão redentora do cristianismo. Quando ao fim da ação narrada Colombo I e II se reúnem, fundem-se passado, presente e futuro na visão do eterno. O "Amém" e o "Aleluia" enquadram a ação, reintegrando seu processamento histórico e sua dimensão perspectívico-temporal no plano aperspectívico da eternidade. O próprio explicador, ao descrever a cena do paraíso imaginário (*paradis de l'idée*), explica que se verifica uma "ausência estranha de profundidade", parecendo que "tudo se desenrola no mesmo plano". Tudo que é perecível é apenas símbolo do sobrenatural. Tal concepção reconduz o disperso à unidade, imprimindo, na transcendência, significado ao que na imanência é mero acaso: Cristóvão é, pelo nome, portador de Cristo, o nome Colombo nomeia a pomba que simboliza o Espírito Santo e que atravessa as cenas da obra. Colombo descobre a América e aquilo que jaz "Além"; o novo mundo é para ele o pórtico do mundo eterno e ao partir das costas ibéricas parte como Abrão partiu de Ur, chamado por Deus. Mesmo amarrado e crucificado no mastro, como o padre jesuíta de O *Sapato de Cetim*, com suas mãos somente salvará a nave, como Moisés levantou a mão para que os filhos de Israel vencessem os adversários.

g) As projeções cinematográficas

Já em *O Sapato de Cetim* Claudel recorrera à projeção, particularmente à de sombras sobre uma tela. O recurso "piscatoriano" da projeção cinematográfica torna-se essencial em *Cristóvão Colombo* (e peças posteriores), primeiro para ampliar a visão universal em espaço e tempo e para dar realce máximo ao símbolo da pomba; depois, para criar efeitos de simultaneidade e ilustrar textos do coro; ao fim, para constituir o "espaço interno", visualizando o "monólogo interior" de Colombo I, à semelhança do que foi feito por Meyerhold. Trata-se de um recurso que acentua o processo narrativo e acrescenta em dado momento aos dois Colombos no palco mais um na tela.

h) O comentário musical

Como no caso de Brecht, a música tem na obra de Claudel uma função autônoma, acrescentando comentários independentes aos eventos cênicos (Ver V, 17, d). Disso dão testemunho as grandes partituras de compositores como Darius Milhaud (1892-1974) e Arthur Honegger (1892-1955), que compuseram a música para *Cristóvão Colombo* (tanto para a ópera como para a peça posterior) e *Joana d'Arc na Fogueira*. A música é um "verdadeiro ator", ainda que, contrariamente a Brecht, tenda a apoiar a continuidade da ação e a reforçar os efeitos expressivos que o coro obtém mediante vozes inarticuladas que uivam, rosnam, ciciam, sibilam e emitem interjeições veementes.

O fim de *Colombo* é uma esplendorosa celebração da graça divina em que a palavra se aniquila diante do poder da música. A ação desemboca na dimensão sobrenatural e enquanto se abrem as portas da vida eterna, o explicador exclama: "Chegamos!". Imagens de pompa majestosa enchem o palco e a solene magia da visão miraculosa suspende o distanciamento didático numa festiva apoteose dos mistérios da fé cristã.

PARTE V:
O TEATRO ÉPICO DE BRECHT

16. O TEATRO COMO INSTITUTO DIDÁTICO

a) Observações gerais

Não é fácil resumir a teoria do teatro épico de Brecht (1898-1956), visto seus ensaios e comentários sobre este tema se sucederem ao longo de aproximadamente trinta anos, com modificações que nem sempre seguem uma linha coerente. Tendo sido bem mais homem da prática teatral do que pensador de gabinete, mostrava-se sempre disposto a renovar suas concepções para obter efeitos cênicos melhores. Chamava suas peças de "experimentos", na acepção das ciências naturais, com a diferença de se tratar de "experimentos sociológicos". Não admira, portanto, que tenha refundido as suas peças tantas vezes, reformulando concomitantemente a sua teoria.

O teatro e a teoria de Brecht devem ser entendidos no contexto histórico geral e principalmente levando-se em conta a situação do teatro após a primeira guerra mundial.

Há raízes que o ligam ao teatro naturalista, mas o seu anti-ilusionismo e marxismo atuante separam-no radicalmente do ilusionismo e passivismo daquele movimento. Por sua vez, o anti-ilusionismo e antipsicologismo dos expressionistas são totalmente "transfuncionados" na obra de Brecht, despidos do apaixonado idealismo e subjetivismo desta corrente. Brecht absorveu e superou ambas as tendências numa nova síntese, à semelhança do marxismo que absorveu e reuniu o materialismo mecanicista e o idealismo dialético de Hegel numa nova concepção.

b) Inícios do teatro épico

Foi desde 1926 que Brecht começou a falar de "teatro épico", depois de pôr de lado o termo "drama épico", visto que o cunho narrativo da sua obra somente se completa no palco. O fato é que já a primeira peça de Brecht, *Baal* (1918), tem fortes traços épicos, de acordo com o estilo expressionista. Entretanto, só em 1926 encontrou o seu verdadeiro rumo ao escrever *Homem é Homem*, peça cujo tema é a "despersonalização" de um indivíduo, a sua desmontagem e remontagem em outra personalidade; trata-se de uma sátira à concepção liberalista do desenvolvimento autônomo da personalidade humana e ao drama tradicional que costuma ter por herói um indivíduo forte, de caráter definido, imutável. A concepção épica desta peça liga-se, pois, a uma filosofia que já não considera a personalidade humana como autônoma e lhe nega a posição central (mais tarde Brecht iria atenuar esta concepção naturalista). Na mesma peça é apresentado, numa espécie de entreato, um poema declamado pela viúva Leokadja: "O sr. Bertolt Brecht afirma: homem é homem./ Isso é algo que qualquer um é capaz de afirmar./ Mas o sr. B. B. chega a provar em seguida / Que de um homem tudo se pode fazer./ Aqui, hoje à noite, um homem é transmontado como um automóvel / Sem que perca qualquer peça nesta operação /" etc. Trata-se de um comentário dirigido ao público, diverso do prólogo e do epílogo apenas pelo fato de figurar no meio da peça e interromper a ação.

Importância fundamental no desenvolvimento do teatro épico de Brecht têm, além de variadas influências, de B. Shaw a G. Kaiser e Piscator, os estudos marxistas e sociológicos que iniciou com intensidade em 1926. Elisabeth Hauptmann, colaboradora de Brecht, escreveu no seu diário (26-7-26) que, segundo Brecht, processos modernos, como a distribuição do "trigo universal", não são dramáticos no sentido tradicional. "Quando se vê que o nosso mundo atual já não se ajusta ao drama, então o drama já não se ajusta ao mundo." Hauptmann acrescenta: "No decurso desses estudos Brecht elaborou a sua teoria do "drama épico" (citado por Werner Hecht, *Brechts Weg zum epischen Theater*, Ed. Henschelverlag, Berlim, 1962, p. 78/79).

c) Razões do teatro épico

Duas são as razões principais da sua oposição ao teatro aristotélico: primeiro, o desejo de não apresentar apenas relações inter-humanas individuais – objetivo essencial do drama rigoroso e da "peça bem feita", – mas também as determinantes sociais dessas relações. Segundo a concepção marxista, o ser humano deve ser concebido como o conjunto de todas as relações sociais e diante disso a forma épica é, segundo Brecht, a única capaz de apreender aqueles processos que constituem para o dramaturgo a matéria para uma ampla concepção do mundo. O homem concreto só pode ser compreendido com base nos processos dentro e através dos quais existe. E *esses*, particularmente no mundo atual, não se deixam meter nas formas clássicas. "Ao petróleo repugnam os cinco atos". "Pode-se falar sobre dinheiro em alexandrinos?" (Brecht, *Schriften zum Theater*, Ed. Suhrkamp, Francfort, 1963/4, Vol. I, p. 226; dos *Escritos acerca do Teatro*, em sete volumes, já saíram cinco; quando não há indicações especiais, as citações referem-se a esta edição). Até agora, os fatores impessoais não se manifestaram como elementos autônomos no teatro; o ambiente e os processos sociais foram vistos como se pode ver a tempestade, quando numa superfície de água os navios içam as velas, notando-se então como se inclinam. Para se mostrar a própria tempestade, é indispensável dissolver a estrutura rigorosa, o encadeamento causal da ação linear, integrando--a num contexto maior e relativizando-lhe a posição absoluta em função da tempestade (III, 52). O peso das coisas anônimas, não podendo ser reduzido ao diálogo, exige um palco que comece a narrar.

A segunda razão liga-se ao intuito didático do teatro brechtiano, à intenção de apresentar um "palco científico" capaz de esclarecer o público sobre a sociedade e a necessidade de transformá-la; capaz ao mesmo tempo de ativar o público, de nele suscitar a ação transformadora. O fim didático exige que seja eliminada a ilusão, o impacto mágico do teatro burguês. Esse êxtase, essa intensa identificação emocional que leva o público a esquecer-se de tudo, afigura-se a Brecht como uma das consequências principais dá teoria da catarse, da purgação e descarga das emoções através das próprias emoções suscitadas. O público assim purificado sai do teatro satisfeito, convenientemente conformado, passivo, encampado no sentido da ideologia burguesa e incapaz de uma ideia rebelde. Todavia, "o teatro épico não combate as emoções" (isso é um dos erros mais crassos acerca dele). "Examina-as e não se satisfaz com a sua mera produção" (III, 70). O que pretende é elevar a emoção ao raciocínio.

O que Brecht combate, ao combater a ilusão, é uma estética que encontrou a sua expressão mais radical na filosofia de Schopenhauer: a arte como redentora quase religiosa do homem atribulado pela tortura dos desejos, a arte como sedativo da vontade, como paliativo em face das dores do mundo, como recurso de evasão nirvânica e paraíso artificial. Combate ele sobretudo a ópera de Wagner, excessivamente ilusionista e de tremenda força hipnótica e entorpecente.

d) Fórmulas iniciais da teoria

Entre as primeiras manifestações importantes sobre o teatro épico encontram-se as notas que acrescentou à *Ópera dos Três Vinténs* (1928) e a *Ascensão e Queda da Cidade de Mahagonny* (1928/1929). Nelas se dirige contra o teatro burguês que caracteriza como "culinário", como instituição em que o público compraria emoções e estados de embriaguez, destinados a eliminar o juízo claro. A "ópera" *Mahagonny* apresenta-se formalmente como produto culinário, mas ao mesmo tempo aborda e critica, na temática, os gozos culinários. Assim, forma e tema se criticam mutuamente, a peça "ataca a sociedade que necessita de tais óperas" e que, através de tais obras, procura perpetuar-se. Nos comentários apostos, compara a forma dramática e a forma épica de teatro, cujas diferenças, todavia, não representam polos opostos e sim divergências de acento.

Forma dramática do teatro	*Forma épica do teatro*
atuando	narrando
envolve o espectador numa ação cênica	torna o espectador um observador mas
gasta-lhe a atividade	desperta a sua atividade
possibilita-lhe emoções	força-o a tomar decisões
vivência	concepção do mundo
o espectador é colocado dentro de algo (identificação; nota do autor)	é posto em face de algo
sugestão	argumento
os sentimentos são conservados	são impelidos a atos de conhecimento
o espectador identifica-se, convive	a espectador permanece em face de, estuda
o homem é pressuposto como conhecido	o homem é objeto de pesquisa
o homem imutável	o homem mutável que vive mudando
tensão visando ao desfecho	tensão visando ao desenvolvimento
uma cena pela outra (encadeamento; nota do autor)	cada cena por si
crescimento (organismo; nota do autor)	montagem
acontecer linear	em curvas
necessidade evolutiva	saltos
o homem como ser fixo	o homem como processo
o pensar determina o ser	o ser social determina o pensar
emoção	raciocínio

Este esquema não exige muitos comentários. Em vez da vivência e identificação estimuladas pelo teatro burguês, o público brechtiano deverá manter-se lúcido, em face do espetáculo, graças à atitude narrativa (I, 2, c; I, 3, d, e, i). As emoções são admitidas, mas elevadas a atos de conhecimento. Mais tarde, Brecht iria acrescentar que as emoções não implicam identificação com os personagens, não precisam ser idênticas às dos* personagens. Às emoções deles podem acrescentar-se ou substituir-se emoções críticas ou mesmo contrárias, em face de seu comportamento.

O homem não é exposto como ser fixo, como "natureza humana" definitiva, mas como ser em processo capaz de transformar-se e transformar o mundo. Um dos aspectos mais combatidos por Brecht é a concepção fatalista da tragédia. O homem não é regido por forças insondáveis que para sempre lhe determinam a situação metafísica. Depende, ao contrário, da situação histórica que, por sua vez, pode ser transformada. O fito principal do teatro épico é a "desmistificação", a revelação de que as desgraças do homem não são eternas e sim históricas, podendo por isso ser superadas.

O encadeamento rigoroso da Dramática pura, o qual sugere a situação irremediavelmente trágica do homem, devido ao evolver inexorável da ação linear, é substituído pelo salto dialético. Esta estrutura em curvas permite entrever, em cada cena, a possibilidade de um comportamento diverso do adotado pelos personagens, de acordo com situações e condições diversas.

d) O efeito de distanciamento

Enquanto inicialmente se dirigiu contra o "teatro culinário" de mero entretenimento, passou a defender Brecht depois um palco que, embora oposto ao teatro como "ramo burguês de entorpecentes", visa ainda assim ao prazer do público. Isso corresponde ao desenvolvimento da sua própria obra teatral. De início é ela emocional e ainda burguesa (*Baal, Tambores da Noite*); depois vem a fase "refrigerada" – a partir de *Na Jângal das Cidades* (1921) –

fase que chega ao congelamento nas peças didáticas (*Aquele que disse sim, Aquele que disse não* (1929/30), *A Exceção e a Regra, A Decisão* (1930) etc.) e na qual nega dialeticamente a fase anterior. A sua última fase, a de peças como *A Vida de Galilei* (1938/39), *A Boa Alma de Se-Tsuan* (1938/40), *O Círculo de Giz Caucasiano* (1945) etc., é uma síntese das atitudes anteriores. Expressão dessa maturidade é o *Pequeno Organon* (1948), resumo da teoria épica em que concede que o teatro científico não precisa "emigrar o reino do agradável" e converter-se em mero "órgão de publicidade" (prefácio). Mesmo didático, deve continuar plenamente teatro e, como tal, divertido, já por-que "não falamos em nome da moral e sim em nome os prejudicados". Mas os divertimentos de épocas diversas são naturalmente diversos, conforme o convívio social dos homens. Para os filhos de uma época científica, eminentemente produtiva como a nossa, não pode existir divertimento mais produtivo que tomar uma atitude crítica em face das crônicas que narram as vicissitudes do convívio social. Esse alegre efeito didático é suscitado por toda a estrutura épica da peça e principalmente pelo "efeito de distanciamento" (*Verfremdungseffekt* = *eleito de estranheza, alienação*), mercê do qual o espectador, começando a estranhar tantas coisas que pelo hábito se lhe afiguram familiares e por isso naturais e imutáveis, se convence da necessidade da intervenção transformadora. O que há muito tempo não muda, parece imutável. A peça deve, portanto, caracterizar determinada situação na sua relatividade histórica, para demonstrar a sua condição passageira. A nossa própria situação, época e sociedade devem ser apresentadas como se estivessem distanciadas de nós pelo tempo histórico ou pelo espaço geográfico. Desta forma o público reconhecerá que as próprias condições sociais são apenas relativas e, como tais, fugazes e não "enviadas por Deus". Isso é o início da crítica. Para empreender é preciso compreender. Vendo as coisas sempre tal como elas são, elas se tornam corriqueiras, habituais e, por isso, incompreensíveis. Estando identificados com elas pela rotina, não as vemos com *o olhar épico da distância*, vivemos mergulhados nesta situação petrificada e ficamos petrificados com ela. Alienamo-nos da nossa própria força criativa e plenitude humana ao nos abandonarmos, inertes, à situação habitual que se nos afigura eterna. É preciso um novo movimento alienador – através do distanciamento – para que nós mesmos e a nossa situação se tornem objetos do nosso juízo crítico e para que, desta forma, possamos reencontrar e reentrar na posse das nossas virtualidades criativas e transformadoras.

A teoria do distanciamento é, em si mesma, dialética. O tornar estranho, o anular da familiaridade da nossa situação habitual, a ponto de ela ficar estranha a nós mesmos, torna nível mais elevado esta nossa situação mais conhecida e mais familiar. O distanciamento passa então a ser negação da negação; leva através do choque do não conhecer ao choque do conhecer. Trata-se de um acúmulo de incompreensibilidade até que surja a compreensão. Tornar estranho é, portanto, ao mesmo tempo tornar conhecido. A função do distanciamento é a de se anular a si mesma.

e) Nova função de um efeito antigo

Esta teoria de modo algum é nova, embora seja verdade que "no teatro antigo o efeito do distanciamento ocorre principalmente por engano" (III, 184) ou por mau desempenho. Racine, por exemplo, aceita sem discutir a necessidade de *éloigner* (distanciar), numa tragédia, ao menos o país quando a época não é suficientemente remota (Ver II, 7, a). Pela distância é aumentada a grandeza e dignidade do herói. Este distanciamento tem, evidentemente, um significado contrário ao de Brecht, visto este querer suscitar a crítica e não a admiração e o respeito. Também Schiller exigia este distanciamento a fim de aumentar a grandeza do espetáculo. Por vezes, porém, aproxima-se bastante da concepção brechtiana. Na introdução à *Noiva de Messina* (*Sobre o Uso do Coro na Tragédia*) explica que o coro deve "dar combate ao naturalismo na arte", interrompendo a ilusão. "O coro purifica o poema trágico, na medida em que separa a reflexão da ação... A mente do espectador deve manter a sua liberdade mesmo na paixão mais violenta; não deve tornar-se vítima das impressões, mas apartar-se, lúcida e serena, das comoções que sofre. O que o juízo comum costuma criticar no coro, o fato de ele anular a ilusão e romper o poder dos afetos – isso precisamente lhe serve de recomendação máxima... Pelo fato de o coro dividir as partes e intervir entre as paixões com suas considerações acalmantes, ele devolve-nos a nossa liberdade que iria perder-se na tempestade dos afetos."

Tal concepção do coro aproxima-se da brechtiana. Mas a libertação visada por Schiller é puramente estética. Enquanto Schiller, em última análise, almeja um estado estético-lúdico, apartado da vida imediata, Brecht se empenha, através da mediação estética, pela apreensão crítica da vida e, deste modo, pela ativação política do espectador.

17. RECURSOS DE DISTANCIAMENTO

a) Observações gerais

"Distanciar é ver em termos históricos" (III, 101). Um dois exemplos mais usados por Brecht para exemplificar esta maneira de ver é o de Galileu fitando o lustre quando se pôs a oscilar. Galileu *estranhou* essas oscilações e é por isso que lhes descobriu as leis. O efeito de distanciamento procura produzir, portanto, aquele estado de surpresa que para os gregos se afigurava como o início da investigação científica e do conhecimento.

A fim de produzir este efeito, Brecht elaborou um grande arsenal de técnicas, apoiado nos predecessores mencionados. Todas elas se ligam à concepção fundamental do teatro épico, isto é, à ideia de introduzir uma estrutura narrativa que, já como tal, implica o "gestus" da serena e distante objetividade do narrador em face do mundo narrado (I, 2, c; I, 3, e). O teatro "dramático" não mantém esta atitude distante, pois o mundo objetivo apresenta-se com a apaixonada subjetividade do gênero lírico, segundo a concepção de Hegel (1,3, b); a ação passa-se em plena atualidade, rigorosamente encadeada, precipitando-se com terrível tensão para o desfecho, a ponto de sugar o espectador para o vórtice do seu movimento inexorável, sem lhe dar folga para observar, criticar, estudar.

b) Recursos literários

Ao lado da atitude narrativa geral associada à própria estrutura da peça, Brecht emprega, para obter o efeito desejado, particularmente a ironia. "Ironia é distância", disse Thomas Mann. Em *Mãe Coragem* (1939) há um título ou cartaz: "1631. A vitória de Magdeburg, de Tilly, custa à Mãe Coragem quatro camisas para oficiais." Tal texto mostra a relação entre o grande acontecimento histórico e os prejuízos miúdos do indivíduo insignificante; ademais, ambos os eventos são relativizados; distanciam-se mutuamente pela ligação irônica numa só frase. O marechal Tilly e sua vitória são vistos na perspectiva das quatro camisas de mãe Coragem, o que lhes afeta o brilho heroico; ao mesmo tempo a irritação da pequena mercadora é lançada contra o vasto pano de fundo da guerra dos trinta anos, o que lhe dá um cunho caricato.

Outro recurso é a paródia que se pode definir como o jogo consciente com a inadequação entre forma e conteúdo. Se atravessadores ou *gangsters* exprimem as suas ideias sinistras ou hipócritas no estilo poético de Goethe ou Racine o resultado é o choque entre conteúdo e forma; a própria relação inadequada torna estranhos o texto e os personagens, obtendo-se o violento desmascaramento que amplia o nosso conhecimento pela explosão do desfamiliar. Revela-se a retórica vazia daqueles que usam a linguagem elevada de Schiller para encobrir a corrupção e a corrupção, por sua vez, é realçada por um processo de "eletrochoque", através deste falso invólucro. Assim, em *Santa Joana dos Matadouros* (1929/30) e *A Resistível Ascensão de Arturo Ui*

(1941) trata-se de estórias sinistras de atravessadores e *gangsters*, apresentadas no estilo do drama elevado.

Os processos mencionados são quase sempre cômicos. O cômico por si só, como foi demonstrado por Bergson (*Le Rire*), produz certa "anestesia do coração" momentânea, exige no momento certa insensibilidade emocional, requer um espectador até certo ponto indiferente, não muito participante. Para podermos rir, quando alguém escorrega numa casca de banana, estatelando-se no chão, ou quando um marido é enganado pela esposa, é impositivo que não fiquemos muito identificados e nos mantenhamos distanciados em face dos personagens e dos seus desastres.

Muitas piadas verbais usam o processo de criar o choque da estranheza. Se Heine diz que o grande Barão Rothschild o tratou de um modo bem "familionário", o "familiar" é aqui literalmente distanciado. Há um momento de incompreensão, imediatamente seguido de um choque de iluminação: Rothschild tratou-me de um modo bem familiar – na medida em que um milionário é capaz de tratar assim um pobre poeta. Toda uma situação é iluminada, pela compressão do distanciado numa só palavra, como através de um *flash light*. A aglutinação de duas palavras que se estranham mutuamente cria uma colisão e fricção violentas que produzem o "estalo de Vieira \ Fenômeno semelhante ocorre em *alcoholiday* ou na confissão: "Tive um *tête-à-bête* com Eva".

Um dos recursos mais importantes de Brecht, no âmbito literário, é, pois, o cômico, muitas vezes levado ao paradoxal. Certos contrastes são colocados lado a lado, sem elo lógico e mediação verbal. Conexões familiares, de outro lado, são arrancadas do contexto familiar.

E a paz
No comércio de verduras de Chicago já não é mais sonho
E sim áspera realidade (*Arturo Ui*):

Sonho e comércio de verduras; paz no comércio de verduras; a paz é áspera realidade. Parece haver uma ameaça de paz; que poderia haver de mais angustiante do que a irrupção repentina da paz completa? Que diriam os fabricantes de armas? Tudo isso é sugerido A combinação entre o elemento cômico e o didático resulta em sátira. Entre os recursos satíricos usados encontra-se também o do grotesco, geralmente de cunho mais burlesco do que tétrico ou fantástico (Ver II, 7, e). Não é preciso dizer que a própria essência do grotesco é "tornar estranho" pela associação do incoerente, pela conjugação do díspar, pela fusão do que não se casa – pelo casual encontro surrealista da famosa máquina de costura e do guarda-chuva sobre a mesa de necropsia (Lautréamont). No grotesco, Brecht se aproxima de outras correntes atuais, como por exemplo do Teatro de Vanguarda ou da obra de Kafka. Brecht, porém, usa recursos grotescos e torna o mundo desfamiliar a fim de explicar e orientar. As correntes mencionadas, ao contrário, tendem a exprimir através do grotesco a desorientação em face de uma realidade tornada estranha e imperscrutável.

c) *Recursos cênicos e cênico-literários*

Entre os recursos teatrais, mais de perto cênicos, se distinguem os títulos, cartazes e projeções de textos os quais comentam epicamente a ação e esboçam o pano de fundo social. Se Brecht tende a teatralizar a literatura ao máximo – traduzindo nas suas encenações os textos em termos de palco – por outro lado procurou também "literarizar" a cena. Exige que se impregne a ação de orações escritas que, como tais, não pertencem diretamente à ação, que se distanciam dela e a comentam e que, ademais, representam um elemento estático, como que à margem do fluxo da ação. São pequenas ilhas que criam redemoinhos de reflexão. O espectador, graças a elas, não é engolfado na corrente ao desenvolvimento da ação. O processo é suspenso na visão estática da situação. O público toma a atitude de quem "observa fumando".

Os momentos grotescos, anteriormente salientados, somente no palco obtêm o remate. Para isso contribui o frequente uso da máscara e o estilo de movimentação inspirado em Meyerhold, no teatro asiático e na "Commedia dell'Arte". Numa encenação berlinense (1931), os soldados e o sargento de *Homem é Homem* apareciam como monstros enormes, mediante o uso de pernas de pau e cabides de arame, acrescentados de gigantescas mãos artificiais e máscaras parciais. Na apresentação de Copenhague (1936) de *As Cabeças Redondas e as Cabeças Pontudas*, os personagens surgiam com tremendas deformidades dos narizes, orelhas, cabeças, queixos. Efeitos semelhantes foram obtidos em *O Sr. Puntila e seu Servo* e *O Círculo de Giz Caucasiano*. As máscaras de Brecht – como as da "Commedia dell'Arte" – não apresentam determinada expressão petrificada, como ira, riso, desespero ou susto (isso é típico das máscaras da Antiguidade e, em parte, da Ásia). São parciais e mostram apenas distorções. Mas a deformação biechtiana atinge quase só as classes superiores, ao passo que a da "Commedia dell'Arte" desfigura também os criados, poupando apenas os namorados.

O cenário é anti-ilusionista, não apoia a ação, apenas a comenta. É estilizado e reduzido ao indispensável; pode mesmo entrar em conflito com a ação e parodiá-la. O palco deve ser claramente iluminado e nunca criar ambientes de lusco-fusco que poderiam perturbar os intuitos didáticos da obra.

d) Os recursos cênico-musicais

Um dos recursos mais importantes de distanciamento é o de o autor se dirigir ao público através de coros e cantores. A função da música na obra de Brecht corresponde às tendências modernas em geral, que divergem das concepções wagnenanas, segundo as quais a música, o texto, e os outros elementos teatrais se apoiam e intensificam mutuamente, constituindo uma síntese de grande efeito opiático. Tal concepção torna a música um instrumento de interpretação psicológica, tirando-lhe toda autonomia. Contra isso se dirigem muitos compositores, no desejo de lhe restituir a independência perdida. Isso levou à separação entre palavra e música, nos oratórios e cantadas cênicos que atualmente se multiplicam. A iniciativa, neste sentido, parece ter partido de Stravinski, em cuja "ópera" *História de um Soldado* (1918) o narrador do velho oratório conta os eventos que ao mesmo tempo são ilustrados por figuras mudas, pela pantomima ou dança. A orquestra encontra-se ao lado, no palco, e toca uma composição musical autônoma que transmite impulsos coreográficos em vez de interpretar e apoiar o texto. É característico que a cantata – de tendência lírica – e o oratório – de tendência épica – tendem a opor-se à ópera, de tendência dramática. Digna de menção, neste contexto, é uma obra como *Édipo Rei*, de Stravinski, em que os eventos são antecipados pelo relato de um narrador; os personagens não desempenham: relatam. O canto é executado num ritmo antiprosódico que fere a acentuação da língua. No mesmo terreno tornou-se famoso o compositor suíço A. Honneger, ao modernizar a polifonia coral de Haendel. Sua composição *Joana na Fogueira*, sobre o texto de Claudel, tornou-se tão famosa como a de D. Milhaud para *Cristóvão Colombo*. As tentativas de Brecht de ligar a peça didática ao oratório, são ainda hoje tema de discussão, não obstante a maioria dos especialistas considerá-las fracassadas, por mais interessantes que sejam as invenções musicais de Hanns Eisler e Paul Hindemith.

Geralmente a música assume nas obras de Brecht a função de comentar o texto, de tomar posição em face dele e acrescentar-lhe novos horizontes. Não intensifica a ação; neutraliza-lhe a força encantatória. Quanto aos songs, variam na sua função. Alguns deles são dirigidos diretamente ao público e seu "gestus" é, quase sempre, demonstrativo, apontando "com o dedo" as falhas do mundo narrado; rato *esse* que implica o desdobramento épico em sujeito e objeto (I, 2, c; 1,3, a). Outros visam tanto ao público como aos outros personagens. Alguns fazem parte do contexto da peça e da ação, interrompendo-a apenas pela passagem a outra arte que não a declamatória; outros não têm relação direta com a ação e detêm radicalmente o fluxo dramático. Tais *songs*, destacados também por outra iluminação, por cartazes com o título do song, pela subida do ator a um estrado, avanço para o proscênio ou isolamento diante da cortina, têm função de reflexão geral, lema didático; a sua universalidade permite-lhes fazerem parte de peças diversas, sem que percam a sua função comentadora.

O "Song de Salomão", por exemplo, canto sobre a perniciosidade das virtudes excessivas, com o estribilho "é digno de inveja quem for livre disso", consta quase na mesma forma de A *Ópera dos Três Vinténs* e de *Mãe Coragem*. Na primeira obra, a intérprete de Jenny coloca-se diante da cortina para cantar o song. Sozinha na ribalta, porta-voz do autor, não se dirige a nenhum outro personagem, apenas ao público. Em *Mãe Coragem*, o *song* é cantado pelo cozinheiro como personagem aa peça que canta para mendigar uma sopinha. O *song*, nesta peça, conserva todo o seu didatismo cínico, mas agora a sua apresentação é plenamente motivada a partir da ação que, ainda assim, é interrompida e comentada pelo canto.

e) O ator como narrador

Todos os recursos expostos não bastariam, para obter o efeito desejado, se o ator representasse à maneira tradicional, identificando-se totalmente com seu papel. O ator épico deve "narrar" seu papel, com o "gestus" de quem mostra um personagem, mantendo certa distância dele (1,2, c; II, 5, e). Por uma parte da sua existência histriônica – aquela que emprestou ao personagem – insere-se na ação, por outra mantém-se à margem dela. Assim dialoga não só com seus companheiros cênicos e sim também com o público. Não se metamorfoseia por completo ou, melhor, executa um jogo difícil entre a metamorfose e o distanciamento, jogo que pressupõe a metamorfose. Em cada momento deve estar preparado para desdobrar-se em sujeito (narrador) e objeto (narrado), mas também para "entrar" plenamente no papel, obtendo a identificação dramática em que não existe a relativização do objeto (personagem) a partir de um foco subjetivo (ator). Que o distanciamento pressupõe a identificação – pelo menos nos ensaios – foi destacado por Brecht (*Pequeno Organon*, § 53 etc.).

Na medida em que o ator, como porta-voz do autor, se separa do personagem, dirigindo-se ao público, abandona o espaço e o tempo fictícios da ação. No teatro da Dramática pura, os adeptos da ilusão esperam que a entidade "ideal" de cada espectador se identifique com o espaço e tempo ideais (fictícios) por exemplo de *Pedra*, vivendo imaginariamente o destino mítico de Fedra e Hipólito, enquanto os cidadãos empíricos, "materiais", permaneceriam como que apagados e esquecidos nas poltronas. No momento, porém, em que o ator se retira do papel, ele ocupa tempo e espaço diversos e com isso relativiza o tempo-espaço ideal da ação dramática. Simultaneamente arranca a entidade ideal do público desse tempo-espaço fictício e a reconduz à plateia, onde se une à parte material do espectador. O personagem e a ação são projetados para o pretérito épico, a partir do foco do ator, cujo espaço-tempo é mais aproximado do espaço-tempo empírico da plateia. Seria talvez ousado dizer que, ao se dirigir à plateia, fala o ator João da Silva. Este apenas finge falar como ator real e desempenha, ainda agora, um papel – o papel do narrador que pronuncia palavras de um autor talvez já falecido. Mas decerto se dirige neste novo papel, mais aproximado da realidade empírica, ao público real da plateia que neste momento já não vive identificado com os personagens e a ação fictícia. É evidente que esse processo interrompe a ilusão, e com isso o processo catártico.

Ao distanciar-se do personagem, o ator-narrador, dividindo-se a si mesmo em "pessoa" e "personagem", deve revelar a "sua" opinião sobre este último; deve "admirar-se ante as contradições inerentes às diversas atitudes" do personagem (Pequeno *Organon*, § 64). Assim, o desempenho torna-se também tomada de posição do "ator", nem sempre, aliás, em favor do personagem. O ponto de vista assumido pelo ator é o da crítica social. Ao tomar esta atitude crítica em face do personagem, o ator revela dois horizontes de consciência: o dele, narrador, e o do personagem; horizontes em parte entrecruzados e em parte antinômicos. O ator-narrador mostra um horizonte 'maior, já por conhecer desde logo o futuro do personagem. Através desse desdobramento é sugerido que o personagem age, como vem agindo, devido à sua limitação de horizonte e devido a dada situação social que não é a do ator-narrador. Se fosse menos limitado e vivesse em outras circunstâncias, o personagem poderia ter agido de modo diverso; sua ação não decorre de "leis naturais", não é determinada por uma fatalidade metafísica.

Para exprimir sua atitude crítica, o ator depende em ampla medida do gesto, da pantomima, da entoação específica, que podem até certo ponto distanciar-se do sentido do texto proferido pelo personagem e entrar mesmo em choque com ele. Dentro do próprio jogo pantomímico, tão ricamente desenvolvido nas encenações de Brecht, podem surgir contradições. Em *Mãe Coragem*, o filho Eilif executa uma dança de guerra. "A selvageria exultante é, no caso, ao mesmo tempo brutal e refreada. O dançarino salta bem alto no ar, o sabre seguro entre ambas as mãos acima da cabeça; mas sua cabeça se inclina para um lado e os lábios estão franzidos, como num esforço de recordar o movimento seguinte. Eilif é aqui "mostrado" como um jovem que dança a dança da guerra porque acredita ser isso a coisa certa a ser feita, mas que não se sente completamente à vontade ao fazê-lo. A recusa de uma parte da sua humanidade torna-se evidente e a relevância contemporânea da ação transparece" (Ronald Gray, *Brecht*, Ed. Oliver and Boyd, Londres, 1961, p. 66).

A expressão dos personagens é determinada por um "gestus social". "Por gestus social seja entendido um complexo de gestos, de mímica e (...) de enunciados que uma ou mais pessoas dirigem a uma ou mais pessoas" (IV, p. 31). Mesmo as manifestações aparentemente privadas costumam situar-se no âmbito das relações sociais através das quais os homens de determinada época se ligam mutuamente. Até a dor, a alegria etc., revestem-se de um "gestus" sobre pessoal visto se dirigirem, em certa medida, a outros seres humanos. Um homem que vende um peixe, a mulher que seduz um homem, o polícia que bate no pobre – em tudo isso há "gestus social" (IV, 31). A atitude de defesa contra um cão adquire gestus social se nela se exprime a luta que um homem mal trajado tem de travar contra um cão de guarda. Tentativas de não escorregar num plano liso resultariam em gestus social se alguém, ao escorregar, sofresse uma perda de prestígio. "O gestus social é aquele que nos permite tirar conclusões sobre a situação social" (III, 282/83). Devem ser elaborados distintamente os traços que se situam no âmbito do poder da sociedade para, em seguida, serem distanciados, recorrendo-se, quando necessário, mesmo a elementos coreográficos e circenses. Assim, o advogado principal de *O Círculo de Giz Caucasiano* é ironizado pela maneira acrobática de se comportar; na cena do tribunal, antes de iniciar sua arenga, aproxima-se do juiz com saltos elegantes, graciosamente grotescos, executando uma mesura que por si só é um espetáculo e cuja retórica é uma paródia à retórica barata do seu discurso.

Mas o termo "gestus" refere-se também ao espírito fundamental de uma cena (de um homem, de uma oração). O gestus de uma cena é frequentemente indicado por um título, p. ex. (em *A Vida de Eduardo II*) "A rainha ri do vazio do mundo"; este "gestus" de desdém pelo mundo impregna toda a cena, não só as atitudes da rainha e sim também as dos outros personagens, toda a atmosfera. Tais títulos marcam a essência social do momento (Ver também *Pequeno Organon*, § 66). Ao fim, a peça é uma totalidade de muitos momentos gésticos. "A grande empresa é a fábula, a composição total de todos os eventos (processos) gésticos, contendo as comunicações e impulsos que em seguida deverão constituir o divertimento do público" (Pequeno *Organon*, §65). A fábula é a essência do empreendimento teatral; nisso Brecht concorda com Aristóteles.

Pelo exposto verifica-se que Brecht exige uma perfeição extraordinária do ator. Mesmo representando um possesso, ele não deve parecer possesso; senão, como pode o espectador descobrir o que possui o possesso? (*Pequeno Organon*, §47). Para visualizar melhor o gesto demonstrativo, com o qual o ator mostra todos os outros gestos, imaginemo-lo tornado explícito: o ator fuma, por assim dizer, um cigarro, pondo-o de lado no momento em que se apresta para demonstrar mais uma fase do comportamento do personagem. Salienta, talvez, que se observa a si mesmo na execução do gesto; surpreende-se ante a própria atuação, elogia com um olhar um gesto gracioso; sorri satisfeito porque chorou bem e se comporta um pouco como os mágicos no teatro de variedades que, depois de um truque bem executado, convidam o público com um gesto elegante para aplaudir. Tudo isso naturalmente "por assim dizer". Ademais, atua como se narrasse tudo na voz do pretérito, recorrendo à memória e mostrando esse esforço para lembrar-se. Nos ensaios da sua companhia (Ensemble de Berlim) – e o que acaba de ser exposto refere-se em boa parte aos ensaios – Brecht muitas vezes fez os atores recitarem seus papéis na forma narrativa, isto é, na terceira pessoa do pretérito, juntamente com as rubricas e na forma da locução indireta. O ator de Lauffer, na adaptação de uma peça de Lenz, dirigindo-se à atriz de Lisa, diz: "Lauffer pediu a Lisa que se sentasse ao lado dele; depois, levantando-se, perguntou-lhe quem costumava arranjar-lhe os cabelos quando ia à igreja. Isto é, o diálogo é transformado em narração.

18. EXEMPLOS DA DRAMATURGIA

a) A Decisão

Entre as "peças didáticas" (aquelas em que o didatismo, essencial a todas as peças a partir de 1926, se manifesta de modo direto e aberto) distingue-se A *Decisão* (1930). Quatro agitadores russos enviados à China para incentivar a causa da revolução matam um jovem colega que encontram na fronteira e que lhes serve de guia, mas que põe em perigo a causa devido ao seu comunismo emocional e romântico. Os quatro agitadores têm de justificar-se ante o "coro supervisor", ao voltarem a Moscou. Toda a peça desenrola-se diante deste coro, fato que corresponde plenamente a uma dramaturgia épica que visa ao público de um modo explícito (II, 6, c, d, e). Ademais, toda a ação "dramática" (como traço estilístico) – a morte do jovem comunista, o conflito, a luta – é emoldurada pela atualidade do tribunal. A ação "dramática" propriamente dita é distanciada pelo pretérito, é narração posta em cena perante o tribunal para demonstrar o comportamento errado do camarada eliminado. Isso resulta numa situação extremamente propícia ao desempenho brechtiano: os quatro agitadores demonstram algo aos juízes (e ao público), três deles assumindo os papéis deles mesmos (ou de outros personagens), sempre olhando para os juízes, e um assumindo o papel daquele de cuja eliminação participou e a quem, enquanto o encarna, ao mesmo tempo acusa. Enquanto agem na atualidade, discutindo com os juízes (o coro) o acontecido, segundo os preceitos fundamentais da *Dramática*, comportam-se de um modo puramente contemplativo, contradizendo os traços estilísticos *dramáticos*. E enquanto narram o passado, segundo os preceitos da *Épica*, passam a atuar *dramaticamente*. Acresce que o jovem eliminado não é personificado por um dos quatro agitadores, mas por todos os quatro, sucessivamente, de modo que nenhuma identificação, por parte dos atores ou do público, se torna possível. Para completar o quadro épico o coro intervém após cada cena e por vezes no meio dela; discute com os agitadores, que acabaram de representar um dos episódios passados, a correção do comportamento deles e do jovem, resumindo a conclusão, comentando-a e elevando-a a enunciados gerais da doutrina comunista.

O uso da máscara durante as cenas apresentadas pelos agitadores, além de indicar a completa despersonalização do indivíduo a serviço do partido, suscita um clima de estranheza. Para isso contribuem também a música de Hanns Eisler e o estilo extremamente impessoal e frio da peça.

b) Quatro das grandes peças

Também as grandes peças da fase posterior têm cunho didático, mas a mensagem se manifesta de um modo bem mais indireto e por vezes mesmo ambíguo. A mediação estética, extremamente rica, atenua a nudez dos valores político-sociais proclamados e suspende-lhes o caráter unilateral pela integração num organismo artístico mais equilibrado e mais nuançado. Também em peças como *O Senhor Puntila e seu Servo Matti* (1940/41), *O Círculo de Giz Caucosiano* (1944/45) e *Mãe Coragem* (1939), como em muitas peças anteriores, o ato como unidade menor de uma ação é substituído, segundo a tradição do drama épico, por uma sequência solta de cenas apresentando episódios de certo modo independentes, cada qual com seu próprio clímax e todas elas "montadas" pelo narrador exterior à ação. *A Boa Alma de Se-Tsuan* (1938/39) é, até certo ponto, uma exceção, pois tem certa unidade de ação e apresenta uma estrutura dramática mais tradicional; de outro lado, porém, é uma peça sem desfecho e solução e o público é exortado a resolver o problema proposto, o que contradiz uma das teses fundamentais de Aristóteles. Em todas as peças mencionadas há um conjunto de comentários projetados ou cantados, bem como falas dirigidas ao público. *O Senhor Puntila* inicia-se com um prólogo poético apresentado por uma criada e prossegue como sequência baladesca, livre, de episódios que ilustram uma situação social básica, a relação entre senhor e criado. Na apresentação do "Ensemble de Berlim", a "canção de Puntila" reproduz e comenta a peça, cena por cena, à maneira de uma balada.

A demonstração de uma situação social básica leva à tipização das relações humanas, padroniza os fenômenos reais e produz o "modelo" que serve como signo, indicação ou demonstração de uma realidade exterior de que a peça se torna função – relativização contrária à Dramática pura que traz o universal no seu próprio bojo, sem visar a algo exterior à obra de arte. Nisso o modelo se assemelha à parábola, forma predileta de Brecht (II, 6, e). Parábola é, por exemplo, *O Círculo de Giz*, cuja parte central é, toda ela, uma imagem destinada a ilustrar um problema apresentado na "moldura" que enquadra a parte central: a quem deve pertencer um pedaço de terra? Àqueles que tradicionalmente o possuem ou àqueles que poderão melhor cuidar dele? Na parte central, isto é, na própria peça, é demonstrado que uma criança não deve pertencer à mãe real que se descuidou dela e sim à mulher que a cuidou desveladamente.

É evidente que tanto o modelo como a parábola relativizam a peça referindo-a a algo a ser ilustrado, ao passo que a peça clássica se dá como absoluta, fingindo plena atualidade, "acontecendo" em cada representação "pela primeira vez"

(1,3). O modelo é construído pelo autor para fins didáticos; a comparação da parábola pressupõe alguém que compara algo para alguém, igualmente para fins didáticos. A peça rigorosa, bem ao contrário, pretende criar a ilusão de que a ação é fonte de si mesma, de que os personagens inventam os seus diálogos no momento da fala, que não os aprenderam de cor e não querem provar ou demonstrar com eles nada que seja exterior à própria ação em que estão envolvidos.

c) *Distanciamento estrutural*

O efeito de distanciamento começa a funcionar, portanto, a partir da própria estrutura épica das peças. Frequentemente a "alienação" é introduzida nos próprios personagens. Em *Puntila*, em particular, Brecht obtém com isso um elemento de rico efeito cômico que contrabalança a abstração do modelo e o cunho didático; além disso, demonstra a dialética da realidade, introjetando a contradição alienadora no próprio protagonista. Puntila, o rico fazendeiro finlandês, tem a peculiaridade de ser, no estado de embriaguez, um homem bondoso e "patriarcal", ao passo que no estado sóbrio se transforma em egoísta atroz. Está assim em constante contradição consigo mesmo, produzindo na própria pessoa o distanciamento, visto que suas duas personalidades se refutam e "estranham", se criticam e ironizam acerbamente. Se no estado social da normalidade é um ser associai, no estado associal da embriaguez passa a ser um homem de sentimentos sociais. Como em outras peças em que os criminosos proclamam valores burgueses e até cristãos, aqui o embriagado torna-se portador de valores elevados. Puntila é, portanto, associal em todas as circunstâncias; a sua maldade é "normal", a sua bondade "anormal" e por isso sem valor. É um indivíduo em si mesmo destrutivo – segundo Brecht devido à sociedade em que vive e à função que nela exerce. Quanto mais se esforça por ser humano, a fim de corresponder aos valores ideais pregados pela nossa sociedade, tanto mais se animaliza e se "aliena" no sentido social (só mesmo um louco tem o privilégio de poder ser bondoso); e quanto mais se ajusta, no estado sóbrio, à dura realidade social, tanto mais se animaliza em face dos valores supremos proclamados por esta mesma sociedade.

A Boa Alma de Se-Tsuan apresenta ensinamento semelhante de alienação. A prostituta Shen-Te, a única boa alma que três deuses encontram ao descer à terra, tem de desdobrar-se e metamorfosear-se, com parte do seu ser, no duro primo Shui-Ta para poder sobreviver. A situação dela é quase idêntica à de Puntila. "Ser boa, diz ela aos deuses, e viver apesar disso, despedaçou-me em duas partes... Ai, vosso mundo é difícil! Quem ajuda os perdidos, perdido está!" – frase cruel que joga os valores éticos contra os valores da competição e do êxito e demonstra as contradições na escala de valores da nossa sociedade. Não é muito diversa a situação de Mãe Coragem que, negociando entre as tropas da guerra dos trinta anos, não consegue conciliar as qualidades de boa mãe e vivandeira esperta. A mãe adotiva de *Círculo de Giz* sucumbe à "terrível" sedução da bondade, ao tomar conta da criança abandonada pela verdadeira mãe durante uma revolução. Essa sedução da bondade é "terrível" devido às circunstâncias sociais que prevalecem, mas no fundo não há nada mais penoso do que ser mau (como demonstra Puntila que se embriaga para não sê-lo) e nada mais doce do que ser bom. Mas as consequências dessa bondade seriam as mais tristes para Grusha – a mãe adotiva – se não surgisse o juiz Azdak que, ferindo a lei, restabelece a justiça. Esse juiz "rompe a lei qual pão para os pobres" e "deixa-se subornar pela mão vazia"; "nos destroços da lei leva o povo à terra firme". Não poderia haver efeito de estranheza paradoxal mais drástico do que aquele que brota do caso deste juiz Azdak que é bom juiz por ser mau juiz (Ver II, 6, e).

A técnica provocadora da desfamiliarização do familiar, que recorre ao paradoxal e aproveita recursos da caricatura e do estilo grotesco, consiste neste e em casos semelhantes em contrapor legalidade e justiça. Preconceitos e prejuízos familiares e por isso inconscientes transformam-se em juízos e sentenças "pronunciados" e se exibem assim à luz do dia ou são desmascarados por veredictos ilegais (segundo o direito positivo), mas em harmonia com os princípios do supremo tribunal da consciência do povo.

d) O pretérito épico

Brecht criou esplêndidos personagens, apesar do seu antipsicologismo e da sua tendência de elaborar caracteres simplificados, não muito diferenciados. Mais importantes são para Brecht as vicissitudes sociais em que se vêm envolvidos. Daí a importância que atribui a fábula e ao seu desdobramento num plano largo, épico, capaz de explicar seu comportamento, suas ações e reações individuais, em função das condições sociais. Essencial é que o público tenha clara noção de que os mesmos personagens poderiam ter agido de outra forma. Pois o homem, embora condicionado pela situação, é capaz também de transformá-la. Não é só vítima da história; é também propulsor dela. Essa visão mais ampla nem sempre é dos personagens, mas é facilitada ao público pela estrutura épica que lhe abre horizontes mais vastos que os dos personagens envolvidos na ação dramática. E, pois, o público que muitas vezes é solicitado a resolver os problemas propostos pela peça que se mantém aberta.

As intenções épicas foram levadas ao extremo em *Círculo de Giz Caucasiano*, obra que é um verdadeiro "conto enquadrado", uma peça dentro da peça. Mercê desse artifício – empregado também por Claudel em *Cristóvão Colombo* – a fábula central (da mãe adotiva que salva o filho da mãe real) é apresentada como coisa *passada* a um público cênico "contemporâneo" que, antes, representa o episódio inicial da moldura (quem deve explorar um pedaço da terra?). Más dentro deste caso da mãe, há muito passado, é introduzida mais uma estória, a do juiz Azdalc, que gelo seu julgamento entrega a criança àquela mulher que não ousa arrancá-la do círculo de giz, por medo de feri-la ao disputá-la com a concorrente. A estória do juiz – curiosamente, peça dentro da peça dentro da peça – encontra-se de certo modo no mais-que-perfeito, visto seu plano temporal ser em parte anterior ao da peça central e bem anterior à moldura "contemporânea". Assim, toda a peça central é projetada pelos cantores e músicos da moldura para a distância épica de um passado remoto. Os bardos narram a estória e comentam a ação – revelando o horizonte amplo do narrador onisciente –, dirigem perguntas ao "seu" público (ao do palco e, através dele, ao da plateia) e antecipam epicamente o futuro – antecipação que seria impossível na Dramática pura, visto os personagens envolvidos na ação atual não poderem penetrar o futuro. Ao mesmo tempo incitam os personagens a agir ou a precaver-se e tornam bem claro que eles apenas ilustram a narrativa. Revelam mesmo o que ocorre no íntimo deles ("ouçam o que ela pensou, mas não disse" – e o que, portanto, não cabe no diálogo), assumindo funções típicas do Kabuki japonês. Por vezes interpretam uma ação apenas pantomímica, processo que é igualmente típico do teatro asiático.

e) Conclusão

Se se quisesse formular de um modo um pouco paradoxal a mais profunda transformação introduzida pelo teatro épico, poder-se-ia dizer, talvez, que o *diálogo* deixa de ser constitutivo. Por trás dos bastidores está o narrador, dando corda à ação e aos próprios personagens; os atores apenas ilustram a narração. Uma vez que só demonstram uma fábula narrada pelo "autor", não chegam a se transformar inteiramente nos personagens. É como se aguardassem o aceno do narrador para, depondo o cigarro que fumaram, tomarem rapidamente a atitude dos personagens fictícios. É como se, em pleno palco, se servisse chá aos *atores*; eles o tomam, como atores, e tornam a desempenhar os papéis.

Os atores já não "desaparecem", não se tornam totalmente transparentes, deixando no palco apenas personagens. De certo modo colocam-se por trás deles e mostram-nos ao público, como os operadores dos títeres no Japão. Os personagens parecem altos-relevos, salientes sem dúvida, mas ainda ou de novo ligados ao peso maciço do mundo narrado, como que inseridos no fundo social ou cósmico que os envolve de todos os lados e de cujas condições dependem em ampla medida. Não são esculturas isoladas, rodeadas de espaço, personagens que, dialogando livremente, projetam o mundo que é função deles. Agora são projetados a partir do mundo e se convertem em função dele. Uma das maiores figuras de Brecht, a filha de mãe Coragem, é muda. No texto da peça a sua presença é medíocre. O palco, como instrumento de narração, lhe dá uma função extraordinária, já não baseada no diálogo e sim na pantomima.

Ernst Robert Curtius acentua que cabe ao drama representar a existência humana nas suas relações com o universo – a que, sem dúvida, se deveriam ainda acrescentar ás relações histórico-sociais. Disso, porém, prossegue, não é capaz a tragédia clássica dos franceses e alemães. Esta forma do drama clássico, resultado do Renascimento e do Humanismo, é antropocêntrica. Ela separa o homem do cosmos e das forças da religião (e das forças sociais, poder--se-ia acrescentar); ela fecha o homem na solidão sublime do espaço moral. Os personagens trágicos de Racine e Goethe são colocados diante de decisões. A realidade que têm de enfrentar é o jogo dos poderes psicológicos do homem. A grandeza e a limitação da tragédia clássica é o seu confinamento dentro da esfera psicológica, cujo círculo restrito de leis nunca é rompido... O próprio Goethe teve de despedaçar a forma ao criar o poema cósmico de Fausto (*Literatura Europeia e Idade Média Latina*, Ed. Instituto Nacional do Livro, Rio de Janeiro, 1957, p. 148).

O teatro épico não pode aspirar à grandeza do teatro clássico, mas em compensação emancipou-se das suas limitações. Ao protagonista não cabe mais a posição majestosa no centro do universo. Tanto na obra de Claudel como na de Wilder, Brecht ou O'Neill, a posição do homem (e do indivíduo) é mais modesta, quer por fazer parte do plano universal de Deus, quer por ser parcela embora importante do plano escatológico da visão socialista, quer ainda por afigurar-se, de dentro de si mesmo, ameaçado por forças irracionais que lhe limitam o campo de articulação e decisão lúcidas e racionais. Na associação da Épica à Dramática – aparentemente uma questão bizantina de classificação e de gêneros – manifesta-se não só o surgir ou ressurgir de novas temáticas, mas uma deslocação decisiva na hierarquia dos valores. Particularmente a concepção teocêntrica ou sociocêntrica transborda do rigor da forma clássica, na medida em que ultrapassa a limitação da esfera psicológica e moral, enquanto *apenas* psicológica e *apenas* situada no campo dá moralidade individual.

BIBLIOGRAFIA RESUMIDA

Além das obras citadas no texto merecem ser consultadas:

Com referência à temática geral:

Vários autores, *A Personagem de Ficção*, São Paulo, Editora Perspectiva, 1965, coleção Debates l. De particular importância para o tema deste volume é o estudo de Décio de ALMEIDA PRADO, "A Personagem no Teatro", em que alguns dos problemas fundamentais do teatro cm geral e do teatro épico cm especial são focalizados a partir chi comparação entre o personagem no romance e no palco. Também os outros estudos de Antônio CÂNDIDO ("A Personagem do Romance"), Paulo Emílio SALLES GOMES ("A Personagem Cinematográfica") e Anatol ROSENFELD ("Literatura e Personagem") – abordam de várias perspectivas o lema em foco.

Com referência à parte I:

René WELLEK e WARREN AUSTIN, *Teoria da Literatura*, Publicações, Europa-América, Lisboa, 1962. Apresenta, num dos capítulos, uma discussão geral do problema dos gêneros.

Wolfgang KAYSER, *Fundamentos da Interpretação e da Análise Literária*, 2 volumes, Coleção Studium, Ed. Saraiva, São Paulo, 1948. Discute e procura definir os gêneros e os diversos tipos de drama.

Emil STAIGER, *Grundhegriffe der Poetik* ("Conceitos fundamentais da Arte Poética"), Zurique, 1946. Estabelece uma ampla teoria dos gêneros que, em alguns pontos, sugeriu elementos para a teoria aqui exposta.

Com referência à parte V:

Bertolt BRECHT, *Escrits sur le Théâtre*, Ed. L'Arche, Paris, 1963. Contém uma coletânea de escritos teóricos de Brecht, entre eles o *Pequeno Organon*.

Sábato MAGALDI, "A Concepção épica de Brecht" em *Aspectos da Dramaturgia Moderna*, Ed. do Conselho Estadual de Cultura do Estado de São Paulo (Nº 27). Estudo crítico das teorias de Brecht em que se apontam certas concepções precárias ou falhas de Brecht, sem que isso – segundo o Autor – lhes diminua o valor geral.

ANATOL ROSENFELD NA PERSPECTIVA

Texto/Contexto I (D007)
Teatro Moderno (D153)
O Mito e o Herói no Moderno Teatro Brasileiro (D179)
O Pensamento Psicológico (D184)
O Teatro Épico (D193)
Texto/Contexto II (D254)
História da Literatura e do Teatro Alemães (D255)
Prismas do Teatro (D256)
Letras Germânicas (D257)
Negro, Macumba e Futebol (D258)
Thomas Mann (D259)
Letras e Leituras (D260)
Na Cinelândia Paulistana (D282)
Cinema: Arte & Indústria (D288)
Preconceito, Racismo e Política (D322)
Judaísmo, Reflexões e Vivências (D324)
Brecht e o Teatro Épico (D326)
Estrutura e Problemas da Obra Literária (EL01)
Mistificações Literárias: "Os Protocolos dos Sábios de Sião" (EL03)
Anatol "On The Road" (P22)

TEATRO NA DEBATES

O *Sentido e a Máscara*
   Gerd A. Bornheim (D008)

A Tragédia Grega
   Albin Lesky (D032)

Maiakóvski e o Teatro de Vanguarda
   Angelo M. Ripellino (D042)

O *Teatro e sua Realidade*
   Bernard Dort (D127)

Semiologia do Teatro
   J. Guinsburg, J. T. Coelho Netto e Reni C. Cardoso (orgs.) (D138)

Teatro Moderno
   Anatol Rosenfeld (D153)

O *Teatro Ontem e Hoje*
   Célia Berrettini (D166)

Oficina: Do Teatro ao Te-Ato
   Armando Sérgio da Silva (D175)

O *Mito e o Herói no Moderno Teatro Brasileiro*
   Anatol Rosenfeld (D 179)

Natureza e Sentido da Improvisação Teatral
   Sandra Chacra (D183)

Jogos Teatrais
   Ingrid D. Koudela (D189)

Stanislávski e o Teatro de Arte de Moscou
   J. Guinsburg (D192)

O *Teatro Épico*
   Anatol Rosenfeld (D193)

Exercício Findo
   Décio de Almeida Prado (D199)

O *Teatro Brasileiro Moderno*
   Décio de Almeida Prado (D211)

Qorpo-Santo: Surrealismo ou Absurdo?
   Eudinyr Fraga (D212)

Performance como Linguagem
   Renato Cohen (D219)

Grupo Macunaíma: Carnavalização e Mito
   David George (D230)

Bunraku: Um Teatro de Bonecos
   Sakae M. Giroux e Tae Suzuki (D241)

No Reino da Desigualdade
   Maria Lúcia de Souza B. Pupo (D244)

A Arte do Ator
   Richard Boleslavski (D246)

Um Voo Brechtiano
   Ingrid D. Koudela (D248)

Prismas do Teatro
   Anatol Rosenfeld (D256)

Teatro de Anchieta a Alencar
   Décio de Almeida Prado (D261)

A Cena em Sombras
   Leda Maria Martins (D267)

Texto e Jogo
   Ingrid D. Koudela (D271)

O *Drama Romântico Brasileiro*
   Décio de Almeida Prado (D273)

Para Trás e Para Frente
   David Ball (D278)

Brecht na Pós-Modernidade
   Ingrid D. Koudela (D281)

O *Teatro É Necessário?*
   Denis Guénoun (D298)

O *Teatro do Corpo Manifesto: Teatro Físico*
   Lúcia Romano (D301)

O *Melodrama*
   Jean-Marie Thomasseau (D303)

Teatro com Meninos e Meninas de Rua
   Marcia Pompeo Nogueira (D312)

O *Pós-Dramático: Um conceito Operativo?*
   J. Guinsburg e Sílvia Fernandes (orgs.) (D314)

Contar Histórias com o Jogo Teatral
   Alessandra Ancona de Faria (D323)

Brecht e o Teatro Épico
   Anatol Rosenfeld (D326)

Teatro no Brasil
   Ruggero Jacobbi (D327)

40 Questões Para um Papel
   Jurij Alschitz (D328)

Teatro Brasileiro: Ideias de uma História
   J. Guinsburg e Rosangela Patriota (D329)

Dramaturgia: A Construção da Personagem
   Renata Pallottini (D330)

Caminhante, Não Há Caminhos. Só Rastros
   Ana Cristina Colla (D331)

Ensaios de Atuação
   Renato Ferracinio (D332)

A *Vertical do Papel*
   Jurij Alschitz (D333)

Máscara e Personagem: O Judeu no Teatro Brasileiro
   Maria Augusta de Toledo Bergerman (D334)

Este livro foi impresso na cidade de Cotia,
nas oficinas da Meta Brasil, para a Editora Perspectiva.